新时代旅游景区高质量发展研究

——以老君山为例

黄 璜 张 记 著

中国财经出版传媒集团

经济科学出版社
Economic Science Press

·北京·

图书在版编目（CIP）数据

新时代旅游景区高质量发展研究：以老君山为例／黄璜，张记著． --北京：经济科学出版社，2024.1
ISBN 978 – 7 – 5218 – 5476 – 3

Ⅰ. ①新… Ⅱ. ①黄…②张… Ⅲ. ①旅游区 – 经济发展 – 研究 – 河南 Ⅳ. ①F592.761

中国国家版本馆 CIP 数据核字（2024）第 004505 号

责任编辑：李晓杰
责任校对：齐　杰
责任印制：张佳裕

新时代旅游景区高质量发展研究
——以老君山为例
黄　璜　张　记　著
经济科学出版社出版、发行　新华书店经销
社址：北京市海淀区阜成路甲 28 号　邮编：100142
教材分社电话：010 – 88191645　发行部电话：010 – 88191522
网址：www.esp.com.cn
电子邮箱：lxj8623160@163.com
天猫网店：经济科学出版社旗舰店
网址：http://jjkxcbs.tmall.com
北京密兴印刷有限公司印装
710×1000　16 开　10.75 印张　150000 字
2024 年 1 月第 1 版　2024 年 1 月第 1 次印刷
ISBN 978 – 7 – 5218 – 5476 – 3　定价：49.00 元
(图书出现印装问题，本社负责调换。电话：010 – 88191545)
(版权所有　侵权必究　打击盗版　举报热线：010 – 88191661
QQ：2242791300　营销中心电话：010 – 88191537
电子邮箱：dbts@esp.com.cn)

前　　言

《"十四五"旅游业发展规划》指出，要以习近平新时代中国特色社会主义思想为指导，以深化旅游业供给侧结构性改革为主线，以改革创新为根本动力，以满足人民日益增长的美好生活需要为根本目的，努力实现旅游业更高质量、更有效率、更加公平、更可持续、更为安全地发展。完善旅游产品供给体系，丰富优质产品供给，建设一批富有文化底蕴的世界级旅游景区和度假区是"十四五"时期旅游业高质量发展的重要内容。国家5A级旅游景区老君山用十六年时间走过了其他旅游景区数十年的发展历程，现已正式提出建设世界级旅游度假区的发展目标，是我国旅游景区跨越式发展的典范，也是"十四五"时期旅游景区向世界级目标迈进的重要参与实践者。

2007年以来的十六年，是老君山历史上极不寻常、极不平凡的十六年。老君山文旅集团团结带领全体老君山人，经受住了来自各方面的风险挑战考验，以奋发有为的精神实现了老君山景区的跨越式发展。十六年来，老君山文旅集团建设了一系列重大文旅工程，推进了一系列管理体制改革，实现了一系列突破性进展，取得了一系列标志性成果，老君山的文旅事业取得历史性成就、发生历史性变革，推动老君山旅游景区发展迈上新征程。

老君山景区十六年的发展历程和沧桑巨变，使得名不见经传的老君山真正地成为带动栾川百姓脱贫致富的金山银山，成为实践"两山理论"的真实写照。老君山景区已经获得伏牛山世界地质公园、国家5A级旅游景区、国家级自然保护区、全国文明旅游先进单位等近百项荣誉，成为全国最为著名的山岳型景区之一。

老君山在十六年的发展历程中，坚持以党的领导、游客至上、自信自立、斗争精神、开拓创新、自我革命、统一战线、共同富裕、居安思危、绿色发展为内涵的"十大发展原则"，建设了金顶道观群、老子文化苑、寨沟、追梦谷、地质广场、索道等重大文旅工程，培养了极具战斗力的员工队伍，创新了"高层决策、业务细化、区域管理、责任到人"的管理制度，形成了以真情服务、活动导向、反季营销、弯道超车、智慧工具、产品创新等为特点的营销模式，取得了辉煌的发展成就。

老君山景区的发展成就是全体老君山人拼出来、干出来、奋斗出来的！老君山十六年的发展变革，在栾川史、老君山史上具有里程碑意义。老君山通过建设精品旅游景区、提高旅游知名度、增强企业发展动能，推进旅游业跨越式发展，带动社区综合发展和旅游扶贫富民，最终实现共同富裕，形成了"老君山模式"，为国内外山地旅游跨越式发展提供了宝贵经验。"老君山模式"是奋进赶超、共同富裕、绿色发展、区域协调的旅游业发展模式。老君山景区发展深刻影响了栾川县的国民经济和社会发展格局，丰富了"两山理论"可持续发展实践，展现了中华文化与旅游融合的强大生命力。

从现在起，老君山发展的中心任务就是在国家5A级旅游景区的基础上，对接国家"十四五"规划纲要提出的建设富有文化底蕴的世界级旅游景区和度假区的目标，建设具有世界级旅游吸引力、游客满意度、旅游知名度、旅游产业经济的世界级旅游度假区，以全球视野、中国立场、本土情怀，在文旅融合、产品体系、智慧旅游、品牌营销、管理服务等领域实现创新突破。

今天，老君山比历史上任何时期都更接近国际知名、国内一流山岳型景区的发展目标，也有能力付出更为艰巨、更为艰苦的努力。相信在

前　言

老君山文旅集团的带领下，全体老君山人坚定信心、锐意进取，主动识变应变求变，主动防范化解风险，一定能夺取建设世界级旅游度假区的新胜利！

中国旅游研究院老君山景区课题组
2023 年 10 月 11 日

目录
contents

第一章　新时代旅游景区发展环境 …………………………………… 1

　　第一节　国民经济和社会发展趋势 ……………………………… 1

　　第二节　文化和旅游市场需求发展趋势 ………………………… 24

　　第三节　文化和旅游产业供给发展趋势 ………………………… 35

　　第四节　新时代旅游景区发展趋势 ……………………………… 45

第二章　新时代旅游景区发展愿景 …………………………………… 53

　　第一节　世界级旅游吸引力 ……………………………………… 53

　　第二节　世界级游客满意度 ……………………………………… 56

　　第三节　世界级旅游知名度 ……………………………………… 61

　　第四节　世界级旅游产业经济 …………………………………… 64

第三章　老君山景区发展经验总结 …………………………………… 69

　　第一节　老君山景区发展历史过程 ……………………………… 69

　　第二节　老君山景区发展现状特征 ……………………………… 99

第三节 老君山景区发展历史经验 …………………… 112
   第四节 老君山景区发展时代价值 …………………… 116
   第五节 老君山景区发展历史意义 …………………… 118

第四章 老君山景区发展现状诊断 ………………………… 122
   第一节 老君山景区文旅资源评估 …………………… 122
   第二节 老君山景区发展区域环境 …………………… 128
   第三节 老君山景区发展综合分析 …………………… 134

第五章 老君山景区未来发展思路 ………………………… 146
   第一节 文旅融合 ……………………………………… 146
   第二节 产品体系 ……………………………………… 149
   第三节 智慧旅游 ……………………………………… 152
   第四节 品牌营销 ……………………………………… 154
   第五节 管理服务 ……………………………………… 156

参考文献 ………………………………………………………… 158
后记 ……………………………………………………………… 161

第一章

新时代旅游景区发展环境

第一节 国民经济和社会发展趋势

一、国民经济和社会发展环境

在中华民族伟大复兴战略全局和世界百年未有之大变局背景下，我国社会主要矛盾发生变化，也对世界级旅游景区发展提出了新要求。我们要深刻认识错综复杂的国际环境带来的新矛盾新挑战，增强机遇意识和风险意识，立足社会主义初级阶段基本国情，保持战略定力，认识和把握发展规律，发扬斗争精神，增强斗争本领，树立底线思维，准确识变、科学应变、主动求变，善于在危机中育先机、于变局中开新局，抓住机遇，应对挑战，趋利避害，奋勇前进。

（一）国际发展环境

我国国际发展环境面临深刻复杂变化。当今世界正经历百年未有之大变局，新一轮科技革命和产业变革深入发展，国际力量对比深刻调整，和平与发展仍然是时代主题，人类命运共同体理念深入人心。但是，国际环境日趋复杂，不稳定性不确定性明显增加，世界经济陷入低迷期，经济全球化遭遇逆流，国际经济政治格局复杂多变。

面对复杂严峻的国际形势和前所未有的外部风险挑战，必须统筹国内国际两个大局。通过推动建设新型国际关系，推动构建人类命运共同体，弘扬和平、发展、公平、正义、民主、自由的全人类共同价值，引领人类进步潮流。构建人类命运共同体成为引领时代潮流和人类前进方向的鲜明旗帜，我国在世界大变局中开创新局、在世界乱局中化危为机，我国国际影响力、感召力、塑造力将显著提升。

文化和旅游既要在展示国家形象、促进对外交往、增进合作共赢等方面发挥作用，也要注意防范逆全球化影响带来的风险。

（二）国内发展环境

当前和今后一段时期，我国将转向高质量发展阶段，制度优势明显，治理效能提升，经济长期向好，物质基础雄厚，人力资源丰富，市场空间广阔，发展韧性强劲，社会大局稳定，具有多方面发展优势和条件。但是，我国发展不平衡不充分问题仍然突出，重点领域关键环节改革任务仍然艰巨，创新能力已不适应高质量发展要求，农业基础还不稳固，城乡区域发展和收入分配差距较大，生态环保任重道远，民生保障存在短板，社会治理还有弱项。

我国文化和旅游发展仍然处于重要战略机遇期，但机遇和挑战都有新的发展变化。文化和旅游既是拉动内需、繁荣市场、扩大就业、畅通国内大循环的重要内容，也是促进国内国际双循环的重要桥梁和纽带，需要用好国内国际两个市场、两种资源。我们需要胸怀中华民族伟大复兴战略全局和世界百年未有之大变局，深刻把握我国社会主要矛盾变化，立足社会主义初级阶段基本国情，准确识变、科学应变、主动求变，在危机中育先机、于变局中开新局，以创新发展催生新动能，以深化改革激发新活力，奋力开创文化和旅游发展新局面。

二、国民经济和社会发展目标

展望2035年，我国将基本实现社会主义现代化。经济实力、科技实力、综合国力将大幅跃升，经济总量和城乡居民人均收入将再迈上新的大台阶，关键核心技术实现重大突破，进入创新型国家前列。基本实现新型工业化、信息化、城镇化、农业现代化，建成现代化经济体系。基本实现国家治理体系和治理能力现代化，人民平等参与、平等发展权利得到充分保障，基本建成法治国家、法治政府、法治社会。建成文化强国、教育强国、人才强国、体育强国、健康中国，国民素质和社会文明程度达到新高度，国家文化软实力显著增强。广泛形成绿色生产生活方式，碳排放达峰后稳中有降，生态环境根本好转，美丽中国建设目标基本实现。形成对外开放新格局，参与国际经济合作和竞争新优势明显增强。人均国内生产总值达到中等发达国家水平，中等收入群体显著扩大，基本公共服务实现均等化，城乡区域发展差距和居民生活水平差距显著缩小。平安中国建设达到更高水平，基本实现国防和军队现代化。人民生活更加美好，人的全面发展、全体人民共同富裕取得更为明显的实质性进展。

在"十四五"时期，我国国民经济和社会发展的主要目标为以下几方面。

（一）经济发展取得新成效

发展是解决我国一切问题的基础和关键，发展必须坚持新发展理念，在质量效益明显提升的基础上实现经济持续健康发展，增长潜力充分发挥，国内生产总值年均增长保持在合理区间，全员劳动生产率增长高于国内生产总值增长，国内市场更加强大，经济结构更加优化，创新能力显著提升，全社会研发经费投入年均增长7%以上、力争投入强度高于"十三五"时期实际，产业基础高级化、产业链现代化水平明显提高，农业基础更加稳固，城乡区域发展协调性明显增强，常住人口城镇化率提高到65%，现代化经济体系建设取得重大进展（国务院，2021a）。

（二）改革开放迈出新步伐

社会主义市场经济体制更加完善，高标准市场体系基本建成，市场主体更加充满活力，产权制度改革和要素市场化配置改革取得重大进展，公平竞争制度更加健全，更高水平开放型经济新体制基本形成。

（三）社会文明程度得到新提高

社会主义核心价值观深入人心，人民思想道德素质、科学文化素质和身心健康素质明显提高，公共文化服务体系和文化产业体系更加健全，人民精神文化生活日益丰富，中华文化影响力进一步提升，中华民族凝聚力进一步增强。

（四）生态文明建设实现新进步

国土空间开发保护格局得到优化，生产生活方式绿色转型成效显著，能源资源配置更加合理、利用效率大幅提高，单位国内生产总值能源消耗和二氧化碳排放分别降低13.5%、18%，主要污染物排放总量持续减少，森林覆盖率提高到24.1%，生态环境持续改善，生态安全屏障更加牢固，城乡人居环境明显改善（国务院，2021a）。

（五）民生福祉达到新水平

实现更加充分更高质量就业，城镇调查失业率控制在5.5%以内，居民人均可支配收入增长与国内生产总值增长基本同步，分配结构明显改善，基本公共服务均等化水平明显提高，全民受教育程度不断提升，劳动年龄人口平均受教育年限提高到11.3年，多层次社会保障体系更加健全，基本养老保险参保率提高到95%，卫生健康体系更加完善，人均预期寿命提高1岁，脱贫攻坚成果巩固拓展，乡村振兴战略全面推进，全体人民共同富裕迈出坚实步伐（国务院，2021a）。

（六）国家治理效能得到新提升

社会主义民主法治更加健全，社会公平正义进一步彰显，国家行政体系更加完善，政府作用更好发挥，行政效率和公信力显著提升，社会治理特别是基层治理水平明显提高，防范化解重大风险体制机制不断健全，突发公共事件应急处置能力显著增强，自然灾害防御水平明显提升，发展安全保障更加有力，国防和军队现代化迈出重大步伐。

三、国民经济和社会发展战略

（一）坚持扩大内需战略基点

《中华人民共和国国民经济和社会发展第十四个五年规划和2035年远景目标纲要》提出（国务院，2021a），坚持扩大内需这个战略基点，加快培育完整内需体系，把实施扩大内需战略同深化供给侧结构性改革有机结合起来，以创新驱动、高质量供给引领和创造新需求，加快构建以国内大循环为主体、国内国际双循环相互促进的新发展格局。在此基础上，《扩大内需战略规划纲要（2022—2035年）》提出了实施扩大内需战略的重大意义。

实施扩大内需战略是满足人民对美好生活向往的现实需要。我国经济由高速增长阶段转向高质量发展阶段，发展要求和发展条件都呈现新特征，特别是人民对美好生活的向往总体上已经从"有没有"转向"好不好"，呈现多样化、多层次、多方面的特点。解决人民日益增长的美好生活需要和不平衡不充分的发展之间的矛盾，必须坚定实施扩大内需战略，固根基、扬优势、补短板、强弱项，通过增加高质量产品和服务供给，满足人民群众需要，促进人的全面发展和社会全面进步，推动供需在更高水平上实现良性循环。

实施扩大内需战略是充分发挥超大规模市场优势的主动选择。大国经济具有内需为主导的显著特征。内需市场一头连着经济发展，另一头连着社会民生，是经济发展的主要依托。我国经济经过改革开放四十多年持续快速发展，逐步在市场需求、产业体系、人力资源、软硬基础设施等方面形成了超大规模市场优势，为培育完整内需体系奠定了基础。进一步发挥超大规模市场优势，必须坚定实施扩大内需战略，扩大居民消费和有效投资，增强经济发展韧性，促进经济持续健康发展。

实施扩大内需战略是应对国际环境深刻变化的必然要求。世界百年未有之大变局加速演进，国际力量对比深刻调整，世界经济增长不平衡不确定性增大，单边主义、保护主义、霸权主义对世界和平与发展构成威胁。面对复杂严峻的外部环境，必须坚定实施扩大内需战略，以自身的稳定发展有效应对外部风险挑战。

实施扩大内需战略是更高效率促进经济循环的关键支撑。构建新发展格局关键在于经济循环的畅通无阻。促进国内大循环更为顺畅，必须坚定实施扩大内需战略，打通经济循环堵点，夯实国内基本盘；实现国内国际双循环相互促进，必须坚定实施扩大内需战略，更好依托国内大市场，有效利用全球要素和市场资源，更高效率实现内外市场联通，促进发展更高水平的国内大循环。

《"十四五"旅游业发展规划》指出构建新发展格局有利于旅游业

发挥独特优势，也对旅游业提出了扩大内需的重要任务。加快构建以国内大循环为主体、国内国际双循环相互促进的新发展格局，需要充分利用旅游业涉及面广、带动力强、开放度高的优势，将其打造成为促进国民经济增长的重要引擎。同时，要切实加大改革开放力度，更好发挥旅游业作用，为加快释放内需潜力、形成强大国内市场、畅通国民经济循环贡献更大力量。

（二）加快消费提质升级

2022年，中共中央和国务院印发《扩大内需战略规划纲要（2022—2035年）》，提出最终消费是经济增长的持久动力，在未来十五年间要顺应消费升级趋势，全面促进消费，加快消费提质升级，着力满足个性化、多样化、高品质消费需求，包括持续提升传统消费、积极发展服务消费、加快培育新型消费、大力倡导绿色低碳消费等内容。

扩大文化和旅游消费是积极发展服务消费的重要内容。《扩大内需战略规划纲要（2022—2035年）》提出，要完善现代文化产业体系和文化市场体系，推进优质文化资源开发，推动中华优秀传统文化创造性转化、创新性发展。鼓励文化文物单位依托馆藏文化资源，开发各类文化创意产品，扩大优质文化产品和服务供给。大力发展度假休闲旅游，拓展多样化、个性化、定制化旅游产品和服务，加快培育海岛、邮轮、低空、沙漠等旅游业态，释放通用航空消费潜力。

《"十四五"扩大内需战略实施方案》对扩大文化和旅游消费的内容进行了细化，包括以下内容：

（1）着力培育文化消费。依托文化文物单位大力开发文化创意产品，扩大优质文化产品和服务供给，持续推进国家文化和旅游消费示范城市建设，推动国家级夜间文化和旅游消费集聚区提质扩容。实施文化产业数字化战略，壮大数字创意、网络视听、数字出版、数字娱乐、线上演播等产业。推动互动视频、沉浸式视频、虚拟现实视频、云游戏等高新视频和云转播应用。发展第五代移动通信（5G）广播电视，推动广播电视终端通、移动通、人人通。建立健全文化产品创作生产、传播引导、宣传推广的激励机制和评价体系。创新实施文化惠民工程，鼓励有条件的地区对电影、话剧、戏剧等消费实施惠民补贴。深入实施中华优秀传统文化传承发展工程，强化重要文化和自然遗产、非物质文化遗产系统性保护。推进长城、大运河、长征、黄河等国家文化公园建设。

（2）促进旅游消费提质扩容。落实带薪年休假制度。大力发展全域旅游，加强区域旅游品牌和服务整合，建设一批富有文化底蕴的世界级旅游景区和度假区，打造一批文化特色鲜明的国家级旅游休闲城市和街区。推进红色旅游、自驾游、文化遗产旅游、工业旅游、康养旅游、旅游演艺等创新发展，提升度假休闲、乡村旅游等服务品质，完善海洋旅游、邮轮游艇、低空旅游等发展政策。积极发展通用航空。

（三）积极应对人口老龄化

人口老龄化将是我国未来较长时期基本国情，党的二十大报告指出，要实施积极应对人口老龄化国家战略。

1. 人口老龄化是社会发展的重要趋势

人口老龄化是全世界文明进步的体现，是今后较长一段时期我国的基本国情，对我国文化和旅游发展具有深远影响，挑战与机遇并存。

联合国《世界人口展望2019》显示，预计到2050年，全世界65岁及以上老年人将增长到15亿人，其中80岁以上老年人将增长到4.26亿人。2050年和2100年，65岁及以上老年人将分别占世界总人口的16.0%和23.0%（United Nations，2019a）。图1-1为1950~2100年世界分年龄组人口变化趋势。

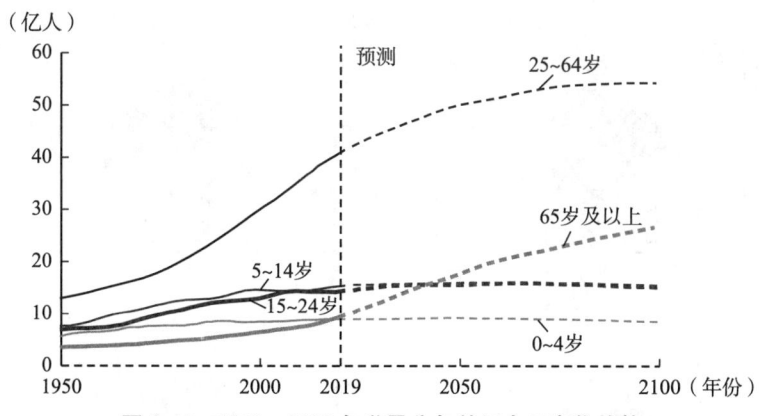

图 1－1　1950～2100 年世界分年龄组人口变化趋势

资料来源：United Nations. World Population Prospects 2019 Highlights [R]. New York：United Nations，2019a.

2022 年我国 60 岁以上老年人口已达 2.80 亿人，占总人口的 19.8%，其中 65 岁及以上老年人已达 2.10 亿人，占总人口的 14.9%（国家统计局，2023）。据联合国《世界人口展望 2019》预测，2050 年中国 65 岁及以上老年人将达到 3.66 亿人，占总人口的 26.1%（United Nations，2019b）。图 1－2 为 1950～2100 年中国分年龄组人口数量，图 1－3 为 2020～2100 年中国人口年龄结构趋势。

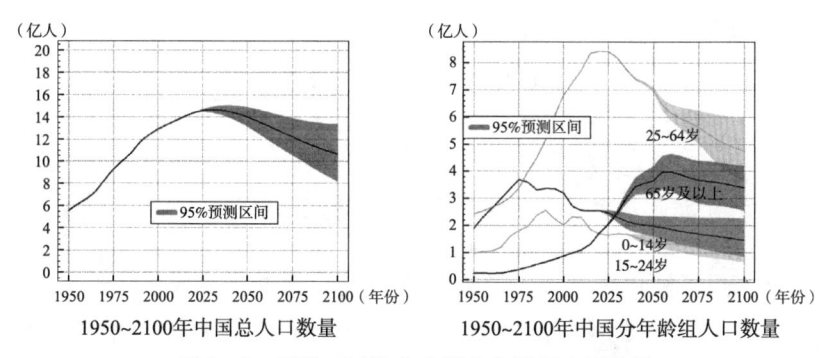

图 1－2　1950～2100 年中国分年龄组人口数量

资料来源：United Nations. World Population Prospects 2019，Volume II：Demographic Profiles [R]. New York：United Nations，2019b.

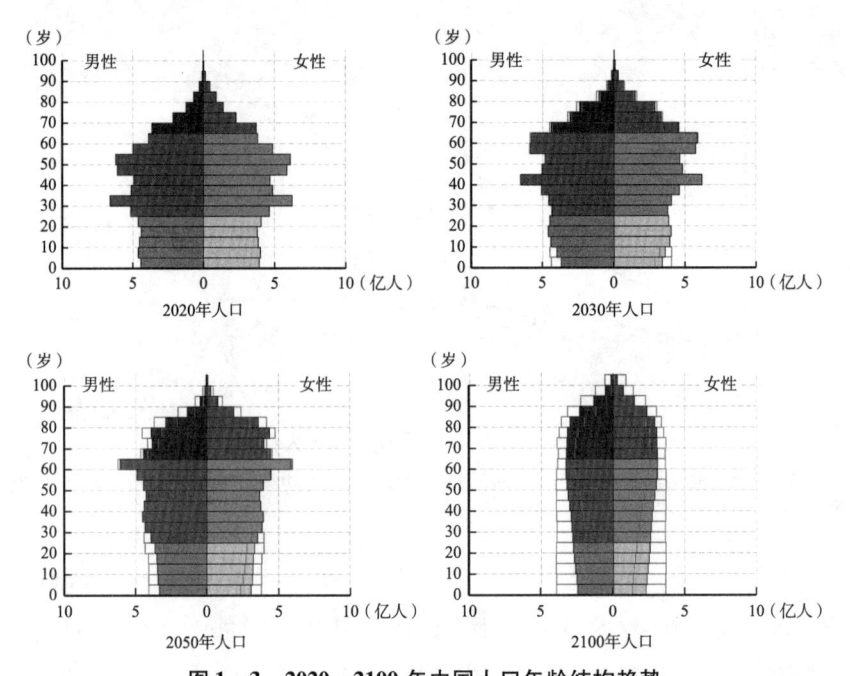

图 1-3　2020~2100 年中国人口年龄结构趋势

资料来源：United Nations. World Population Prospects 2019, Volume Ⅱ: Demographic Profiles [R]. New York: United Nations, 2019b.

据联合国预测，2020~2050 年我国 15 岁以下、15~24 岁、25~64 岁年龄组人口将分别减少 22.2%、18.3% 和 16.9%，而 65 岁及以上老年人将增加 112.3%，中国人口的中位数年龄将从 38.4 岁增加到 47.6 岁（United Nations, 2019b）。

2. 老年旅游是老龄产业经济中增长最快领域

在人口老龄化背景下，老龄产业在发达国家已形成巨大的经济规模。据美国退休人员协会测算，2018 年 50 岁以上中老年人占美国总人口的 35%，但他们以消费、就业和纳税等方式贡献了 8.3 万亿美元的生产总值、创造了 8860 万个就业岗位，分别占全国 GDP 和就业人员数的 40% 和 44%。据预测到 2050 年，美国中老年经济规模将进一步增长到

26.8万亿美元。其中的中老年旅游业是增长最快的产业之一，将从1.18万亿美元增长到3.95万亿美元（AARP，2019）。

英国国际长寿研究中心（ILC-UK）对2019~2040年的英国中老年消费趋势进行了预测，发现中老年消费将进一步转向非生活必需品，旅游是增长最快的领域之一，到2040年"休憩和文化""交通"将成为英国中老年的第一大和第二大消费支出（ILC，2019）。

中国老龄科学研究中心的《中国老龄产业发展及指标体系研究》显示，我国拥有世界最大的老年人群体，老年人的消费需求与潜力在不断提升。我国老龄产业包括老龄金融产业、老龄制造产业、老龄服务产业、老龄宜居产业等领域，未来将成长为体量庞大的老龄经济。2020年，我国老年人口的群体消费总量约为4.8万亿元。预计2030年全国老年人口消费总量约为12万亿~15.5万亿元，2050年或将达到40万亿~69万亿元（党俊武和王莉莉，2021）。

3. 老龄化给旅游业带来创新发展的机遇

世界旅游组织在《人口变迁与旅游》中详细研究了老龄化背景下的旅游市场趋势（UNWTO，2010）。从市场规模来看，旅游市场呈现出老龄化特征，应该给予重点关注；从市场细分来看，老年人的健康状况和旅游需求各异，应将生命历程阶段替代年龄作为老年旅游市场细分的依据；从需求特征来看，现在的老年旅游者与传统老年旅游者相比心态更为年轻，也更乐于尝试新生旅游产品和服务；从配套设施来看，老年旅游者常伴随着轻微的残疾和失能，对于无障碍设施和医疗服务提出了更高要求；从出游特征来看，老年人常与家庭成员结成跨代出游组合，增加了旅游需求的复杂性和多样性，并催生了一些小众旅游市场。

旅游业应该将老龄化看作产业发展的重要机遇，可在此基础上构建新的竞争优势。旅游企业应认真研究老年旅游需求和家庭出游特征，提供更具针对性和包容性的旅游产品和营销策略；老年旅游者有更多的休闲时间，能够协助熨平旅游业长期存在的季节性波动；老年旅游者对文化、康养等的特殊关注，能够促进旅游业的产业融合发展；老年旅游者对无障碍设施、精细化服务的需求，事实上能让所有旅游者受益。因此，老龄化给旅游业带来的绝不仅是旅游产品的适老化改造，而且是旅游业的全面高品质和多元化发展。

（四）加快建设交通强国

1. 国内旅游出行需求持续增加优化

2021年2月，中共中央、国务院印发《国家综合立体交通网规划纲要》，并对我国未来中长期的居民出行需求进行了预测。据预测，我国旅游出行需求将保持稳步增长的趋势，特别是高品质、多样化、个性化的出行需求不断增强，旅客出行结构进一步优化。

《国家综合立体交通网规划纲要》预测2021~2035年，我国旅客出行量（含小汽车出行量）年均增速约为3.2%。其中，高铁、民航、小汽车的出行占比将不断提升，而公路客运占比将继续保持下降趋势。国际旅客出行以及城市群旅客出行需求将更加旺盛。从空间分布来看，东部地区仍将是我国出行需求最为集中的区域，中西部地区出行需求增速加快。

2. 全国一体旅游客源地和目的地加速形成

《国家综合立体交通网规划纲要》预测到2035年，我国将基本建成便捷顺畅、经济高效、绿色集约、智能先进、安全可靠的现代化高质量国家综合立体交通网，实现国际国内互联互通、全国主要城市立体畅达、县级节点有效覆盖。

预计到2035年，我国将基本实现全国县级行政中心15分钟上国道、30分钟上高速公路、60分钟上铁路，市地级行政中心45分钟上高速铁路、60 分钟到机场。基本实现地级市之间当天可达。中心城区至综合客运枢纽半小时可达，中心城区综合客运枢纽之间公共交通转换时间不通过 1 小时。旅客出行全链条便捷程度显著提高，基本实现"全国 123 出行交通圈"，也就是都市区 1 小时通勤、城市群 2 小时通达、全国主要城市 3 小时覆盖，全国享受 1 小时内快速交通服务的人口占比将达到 80% 以上。

在我国综合立体交通网的建设过程中，旅游客源地的出游便捷度和旅游目的地的可进入性将进一步提升，众多传统受交通制约的客源市场和目的地将纳入全国性循环，全国一体的旅游客源地和旅游目的地市场将加速形成。

3. 国家综合立体交通网构建旅游客流骨架

到 2035 年，我国的国家综合立体交通网主骨架将搭建完毕，它是我国区域间、城市群间、省际间以及连通国际运输的主动脉，也将是我国交通效率最高、旅行速度最快、运输强度最大的旅游骨干网络。

我国将以京津冀、长三角、粤港澳大湾区和成渝地区双城市经济圈 4 个地区作为极，长江中游、山东半岛、海峡西岸、中原地区、哈长、辽中南、北部湾和关中平原 8 个地区作为组群，呼包鄂榆、黔中、滇中、山西中部、天山北坡、兰西、宁夏沿黄、拉萨和喀什 9 个地区作为组团。按照极、组群、组团之间交通联系强度，打造由主轴、走廊、通道组成的国家综合立体交通网主骨架。

到 2035 年，我国的国家综合立体交通网主骨架实体线网里程将达到 29 万千米左右，其中国家高速铁路 5.6 万千米、普通高速铁路 7.1 万千米，国家高速公路 6.1 万千米、普通国道 7.2 万千米，国家高等级航道 2.5 万千米，最终建成 6 条主轴、7 条走廊、8 条通道。

国家综合立体交通网主骨架将把我国的主要都市圈、城市群和城市化地区紧密联系在一起，全国旅游客源地和目的地之间的旅游流将通过骨干网络快速流动，全国旅游业发展的区域差异将逐步弱化。

4. 多层次国家旅游交通枢纽快速崛起

到 2035 年，我国将建设综合交通枢纽集群、枢纽城市及枢纽港站"三位一体"的国家综合交通枢纽系统。建成面向世界的京津冀、长三角、粤港澳大湾区、成渝地区双城经济圈 4 大国际性综合交通枢纽集群，建成 20 个左右国际性综合交通枢纽城市以及 80 个左右全国性综合交通枢纽城市，建成一批国际性枢纽港站、全国性枢纽港站。

在国家综合交通枢纽逐步建成的同时，通过综合交通枢纽和旅游集散中心的统一规划、统一设计、统一建设、协同管理，我国旅游城市的交通通达度和旅游便捷性将快速提升，综合交通枢纽的旅游服务功能将快速完善。我国将诞生一批世界级旅游目的地、世界级旅游城市、国际性和全国性旅游交通枢纽。

5. 区域旅游目的地内部一体化协同发展

我国将推进城市群内部交通运输一体化发展。通过构建便捷高效的城际交通网，加快城市群轨道交通网络化，完善城市群快速公路网络，加强城市交界地区道路和轨道顺畅连通，到 2035 年基本实现城市群内部 2 小时交通圈。

我国将推进都市圈交通运输一体化发展。通过建设中心城区连接卫星城、新城的大容量、快速化轨道交通网络，推进公交化运营，加强道路交通衔接，到 2035 年打造 1 小时"门到门"通勤圈。特别是对于京津冀、长三角、粤港澳大湾区、成渝地区等重点都市圈，将建成具有全球影响力的交通枢纽集群。

随着区域内部的交通运输一体化发展，城市群、都市圈内部将打破行政区划束缚，对外形成高度一体化的旅游客源市场和目的地，对内形成整合互补的本地居民旅游休闲空间。

6. 交通和旅游产业深度融合发展

当前和今后一段时期，我国将进一步深入推进交通与旅游融合发展，主要体现在以下三大方面。

首先，交通网络与旅游线路融合发展。通过发挥交通促进全域旅游发展的基础性作用，加快国家旅游风景道、旅游交通体系等规划建设，打造具有广泛影响力的自然风景线。

其次，交通设施与旅游设施融合发展。强化交通网"快进慢游"功能，加强交通干线与重要旅游景区衔接。完善公路沿线、服务区、客运枢纽、邮轮游轮游艇码头等旅游服务设施功能，支持红色旅游、乡村旅游、度假休闲旅游、自驾游等相关交通基础设施建设，推进通用航空与旅游融合发展。

最后，交通服务与旅游服务融合发展。健全重点旅游景区交通集散体系，鼓励发展定制化旅游运输服务，丰富邮轮旅游服务，形成交通带动旅游、旅游促进交通发展的良性互动格局。

通过交通运输和旅游产业的深度融合发展，我国将进一步推进全域旅游发展，形成遍布全国的旅游风景道体系。游客在旅游过程中的便捷度和满意度将进一步提升。

（五）构筑美好数字生活图景

我国将围绕强化数字转型、智能升级、融合创新支撑，建设高速泛在、天地一体、集成互联、安全高效的信息基础设施，增强数据感知、传输、存储和运算能力。数字化转型将整体驱动生产方式、生活方式和治理方式变革，我们将迎来数字经济、数字社会、数字政府。数字技术将全面融入社会交往和日常生活新趋势，促进公共服务和社会运行方式创新。

实施创新驱动发展战略为旅游业赋予新动能，也对旅游业提出了创新发展的新要求。坚持创新在现代化建设全局中的核心地位，推动新一轮科技革命和产业变革深入发展，将深刻影响旅游信息获取、供应商选择、消费场景营造、便利支付以及社交分享等旅游全链条。同时，充分运用数字化、网络化、智能化科技创新成果，升级传统旅游业态，创新产品和服务方式，将推动旅游业从资源驱动向创新驱动转变。

通过推动购物消费、居家生活、旅游休闲、交通出行等各类场景数字化，打造智慧共享、和睦共治的新型数字生活。我国居民将畅享数字生活，共同构筑美好数字生活新图景，推动形成以下数字化生活场景。

1. 智能交通

发展自动驾驶和车路协同的出行服务。推广公路智能管理、交通信号联动、公交优先通行控制。建设智能铁路、智慧民航、智慧港口、数字航道、智慧停车场。

2. 智慧教育

推动社会化高质量在线课程资源纳入公共教学体系，推进优质教育资源在线辐射农村和边远地区薄弱学校，发展场景式、体验式学习和智能化教育管理评价。

3. 智慧医疗

完善电子健康档案和病历、电子处方等数据库，加快医疗卫生机构数据共享。推广远程医疗，推进医学影像辅助判读、临床辅助诊断等应用。运用大数据提升对医疗机构和医疗行为的监管能力。

4. 智慧文旅

推动景区、博物馆等发展线上数字化体验产品，建设景区监测设施和大数据平台，发展沉浸式体验、虚拟展厅、高清直播等新型文旅服务。

5. 智慧社区

推动政务服务平台、社区感知设施和家庭终端联通，发展智能预警、应急救援救护和智慧养老等社区惠民服务，建立无人物流配送体系。

6. 智慧家居

应用感应控制、语音控制、远程控制等技术手段，发展智能家电、智能照明、智能安防监控、智能音箱、新型穿戴设备、服务机器人等家居应用。

7. 智慧政务

推进政务服务一网通办，推广应用电子证照、电子合同、电子签章、电子发票、电子档案，健全政务服务"好差评"评价体系。

（六）推进以人为核心的新型城镇化

我国将坚持走中国特色新型城镇化道路，深入推进以人为核心的新型城镇化战略，以城市群、都市圈为依托促进大中小城市和小城镇协调联动、特色化发展，使更多人民群众享有更高品质的城市生活。

1. 建设现代化都市圈

依托辐射带动能力较强的中心城市，提高1小时通勤圈协同发展水平，培育发展一批同城化程度高的现代化都市圈。以城际铁路和市域（郊）铁路等轨道交通为骨干，打通各类"断头路""瓶颈路"，推动市内市外交通有效衔接和轨道交通"四网融合"，提高都市圈基础设施连接性贯通性。鼓励都市圈社保和落户积分互认、教育和医疗资源共享，推动科技创新券通兑通用、产业园区和科研平台合作共建。鼓励有条件的都市圈建立统一的规划委员会，实现规划统一编制、统一实施，探索推进土地、人口等统一管理。

2. 推进以县城为重要载体的城镇化建设

加快县城补短板强弱项，推进公共服务、环境卫生、市政公用、产业配套等设施提级扩能，增强综合承载能力和治理能力。支持东部地区基础较好的县城建设，重点支持中西部和东北城镇化地区县城建设，合理支持农产品主产区、重点生态功能区县城建设。健全县城建设投融资机制，更好发挥财政性资金作用，引导金融资本和社会资本加大投入力度。稳步有序推动符合条件的县和镇区常住人口20万人以上的特大镇设市。按照区位条件、资源禀赋和发展基础，因地制宜发展小城镇，促进特色小镇规范健康发展。

3. 推进新型城市建设

顺应城市发展新理念新趋势，开展城市现代化试点示范，建设宜居、创新、智慧、绿色、人文、韧性城市。提升城市智慧化水平，推行城市楼宇、公共空间、地下管网等"一张图"数字化管理和城市运行一网统管。科学规划布局城市绿环绿廊绿楔绿道，推进生态修复和功能完善工程，优先发展城市公共交通，建设自行车道、步行道等慢行网络，发展智能建造，推广绿色建材、装配式建筑和钢结构住宅，建设低碳城市。保护和延续城市文脉，杜绝大拆大建，让城市留下记忆、让居民记住乡愁。加强无障碍环境建设。

（七）全面推进乡村振兴

民族要复兴，乡村必振兴。我国全面建设社会主义现代化国家，最艰巨最繁重的任务仍然在农村。休闲农业和乡村旅游发展，是全面推进乡村振兴的重要内容。《中华人民共和国国民经济和社会发展第十四个五年规划和2035年远景目标纲要》提出，要提高农业质量效益和竞争力、实施乡村建设行动,给乡村旅游发展带来了新的机遇。

1. 丰富乡村经济业态

发展县域经济,推进农村一二三产业融合发展,延长农业产业链条,发展各具特色的现代乡村富民产业。推动种养加结合和产业链再造,提高农产品加工业和农业生产性服务业发展水平,壮大休闲农业、乡村旅游、民宿经济等特色产业。完善利益联结机制,通过"资源变资产、资金变股金、农民变股东",让农民更多分享产业增值收益。

2. 强化乡村建设的规划引领

统筹县域城镇和村庄规划建设,通盘考虑土地利用、产业发展、居民点建设、人居环境整治、生态保护、防灾减灾和历史文化传承。科学编制县域村庄布局规划,因地制宜、分类推进村庄建设,规范开展全域土地综合整治,保护传统村落、民族村寨和乡村风貌,严禁随意撤并村庄搞大社区、违背农民意愿大拆大建。优化布局乡村生活空间,严格保护农业生产空间和乡村生态空间。鼓励有条件地区编制实用性村庄规划。

3. 提升乡村基础设施和公共服务水平

以县域为基本单元推进城乡融合发展,强化县城综合服务能力和乡镇服务农民功能。健全城乡基础设施统一规划、统一建设、统一管护机制,推动市政公用设施向郊区乡村和规模较大中心镇延伸,完善乡村水、电、路、气、邮政通信、广播电视、物流等基础设施,提升农房建设质量。推进城乡基本公共服务标准统一、制度并轨,增加农村教育、医疗、养老、文化等服务供给,推进县域内教师医生交流轮岗,鼓励社会力量兴办农村公益事业。提高农民科技文化素质,推动乡村人才振兴。

4. 改善农村人居环境

开展农村人居环境整治提升行动，稳步解决"垃圾围村"和乡村黑臭水体等突出环境问题。推进农村生活垃圾就地分类和资源化利用，以乡镇政府驻地和中心村为重点梯次推进农村生活污水治理。支持因地制宜推进农村厕所革命。推进农村水系综合整治。深入开展村庄清洁和绿化行动，实现村庄公共空间及庭院房屋、村庄周边干净整洁。

（八）积极应对气候变化

我国积极参与全球环境与气候治理，作出力争2030年前实现碳达峰、2060年前实现碳中和的庄严承诺，体现了负责任大国的担当。当前和今后一段时期，我国将继续推进美丽中国建设，统筹产业结构调整、污染治理、生态保护、应对气候变化，协同推进降碳、减污、扩绿、增长，推进生态优先、节约集约、绿色低碳发展。

1. 加快发展方式绿色转型

推动经济社会发展绿色化、低碳化是实现高质量发展的关键环节。加快推动产业结构、能源结构、交通运输结构等调整优化。实施全面节约战略，推进各类资源节约集约利用，加快构建废弃物循环利用体系。完善支持绿色发展的财税、金融、投资、价格政策和标准体系，发展绿色低碳产业，健全资源环境要素市场化配置体系，加快节能降碳先进技术研发和推广应用，倡导绿色消费，推动形成绿色低碳的生产方式和生活方式。

2. 积极稳妥推进碳达峰碳中和

实现碳达峰碳中和是一场广泛而深刻的经济社会系统性变革。立足我国能源资源禀赋，坚持先立后破，有计划分步骤地实施碳达峰行动。

完善能源消耗总量和强度调控,重点控制化石能源消费,逐步转向碳排放总量和强度"双控"制度。推动能源清洁低碳高效利用,推进工业、建筑、交通等领域清洁低碳转型。深入推进能源革命,加强煤炭清洁高效利用,加大油气资源勘探开发和增储上产力度,加快规划建设新型能源体系,统筹水电开发和生态保护,积极安全有序发展核电,加强能源产供储销体系建设,确保能源安全。完善碳排放统计核算制度,健全碳排放权市场交易制度,提升生态系统碳汇能力,积极参与应对气候变化全球治理。

(九)促进人与自然和谐共生

生态文明建设是关乎中华民族永续发展的根本大计,保护生态环境就是保护生产力,改善生态环境就是发展生产力,决不以牺牲环境为代价换取一时的经济增长。必须坚持绿水青山就是金山银山的理念,坚持山水林田湖草沙一体化保护和系统治理,像保护眼睛一样保护生态环境,像对待生命一样对待生态环境,更加自觉地推进绿色发展、循环发展、低碳发展,坚持走生产发展、生活富裕、生态良好的文明发展道路。

1. 推动绿色发展

坚持尊重自然、顺应自然、保护自然,坚持节约优先、保护优先、自然恢复为主,实施可持续发展战略,完善生态文明领域统筹协调机制,构建生态文明体系,推动经济社会发展全面绿色转型,建设美丽中国。

2. 构建自然保护地体系

科学划定自然保护地保护范围及功能分区,加快整合归并优化各类保护地,构建以国家公园为主体、自然保护区为基础、各类自然公园为补充的自然保护地体系。严格管控自然保护地范围内非生态活动，稳妥推进核心区内居民、耕地、矿权有序退出。完善国家公园管理体制和运营机制，整合设立一批国家公园。实施生物多样性保护重大工程，构筑生物多样性保护网络，加强国家重点保护和珍稀濒危野生动植物及其栖息地的保护修复，加强外来物种管控。完善生态保护和修复用地用海等政策。完善自然保护地、生态保护红线监管制度，开展生态系统保护成效监测评估。

（十）提升中华文化影响力

党的十八大以来，我国意识形态领域形势发生全局性、根本性转变，全党全国各族人民文化自信明显增强，全社会凝聚力和向心力极大提升，为新时代开创党和国家事业新局面提供了坚强思想保证和强大精神力量。

准确把握世界范围内思想文化相互激荡、我国社会思想观念深刻变化的趋势，强调意识形态工作是为国家立心、为民族立魂的工作，文化自信是更基础、更广泛、更深厚的自信，是一个国家、一个民族发展中最基本、最深沉、最持久的力量。战胜前进道路上各种风险挑战，文化是力量源泉，能够凝魂聚气、培根铸魂，为全体人民奋进新时代、实现中华民族伟大复兴的中国梦提供强大精神动力。

中华优秀传统文化是中华民族的突出优势，是我们在世界文化激荡中站稳脚跟的根基，必须结合新的时代条件传承和弘扬好。我们实施中华优秀传统文化传承发展工程，推动中华优秀传统文化创造性转化、创新性发展，增强全社会文物保护意识，加大文化遗产保护力度。加快国际传播能力建设，向世界讲好中国故事、传播好中国声音，促进人类文明交流互鉴，提升国家文化软实力、中华文化影响力。

建设文化强国为旅游业明确了发展方向，也需要旅游业更加主动发挥作用。推进文化强国建设，要求坚持以文塑旅、以旅彰文，推进文化和旅游融合发展。同时，要充分发挥旅游业在传播中国文化、展示现代化建设成就、培育社会主义核心价值观方面的重要作用。

1. 增强中华文明传播力

坚守中华文化立场，提炼展示中华文明的精神标识和文化精髓，加快构建中国话语和中国叙事体系，讲好中国故事、传播好中国声音，展现可信、可爱、可敬的中国形象。加强国际传播能力建设，全面提升国际传播效能，形成同我国综合国力和国际地位相匹配的国际话语权。深化文明交流互鉴，推动中华文化更好走向世界。

2. 加强对外文化交流和多层次文明对话

创新推进国际传播，利用网上网下，大力加强对外文化交流，促进民心相通。开展"感知中国""走读中国""视听中国"活动，办好中国文化年（节）、旅游年（节）。建设中文传播平台，构建中国语言文化全球传播体系和国际中文教育标准体系。

3. 架设文明互学互鉴桥梁

深化公共卫生、数字经济、绿色发展、科技教育、文化艺术等领域人文合作，加强议会、政党、民间组织往来，增强妇女、青年、残疾人等群体密切交流，形成多元互动的人文交流格局。推进实施共建"一带一路"科技创新行动计划，建设数字丝绸之路、创新丝绸之路。加强应对气候变化、海洋合作、野生动物保护、荒漠化防治等交流合作，推动建设绿色丝绸之路。积极与共建"一带一路"国家开展医疗卫生和传染病防控合作，建设健康丝绸之路。

4. 推动文化和旅游融合发展

坚持以文塑旅、以旅彰文，打造独具魅力的中华文化旅游体验。深入发展大众旅游、智慧旅游，创新旅游产品体系，改善旅游消费体验。加强区域旅游品牌和服务整合，建设一批富有文化底蕴的世界级旅游景区和度假区，打造一批文化特色鲜明的国家级旅游休闲城市和街区。推进红色旅游、文化遗产旅游、旅游演艺等创新发展，提升度假休闲、乡村旅游等服务品质，完善邮轮游艇、低空旅游等发展政策。健全旅游基础设施和集散体系，推进旅游厕所革命，强化智慧景区建设。建立旅游服务质量评价体系，规范在线旅游经营服务。

第二节 文化和旅游市场需求发展趋势

一、我国将全面进入大众旅游时代

党的十八大以来，全国832个贫困县全部摘帽，128000个贫困村全部出列，近一亿农村贫困人口实现脱贫，提前十年实现联合国2030年可持续发展议程减贫目标，历史性地解决了绝对贫困问题，创造了人类减贫史上的奇迹。我国已圆满完成脱贫攻坚、全面建成小康社会的历史任务，实现第一个百年奋斗目标（中共中央，2021b）。

全面建成小康社会后，我国将全面进入大众旅游时代，旅游业发展仍处于重要战略机遇期，但机遇和挑战都有新的发展变化。旅游业面临高质量发展的新要求。人民群众旅游消费需求将从低层次向高品质和多样化转变，由注重观光向兼顾观光与休闲度假转变。大众旅游出行和消费偏好发生深刻变化，线上线下旅游产品和服务加速融合。大众旅游时代，旅游业发展成果要为百姓共享，旅游业要充分发挥为民、富民、利民、乐民的积极作用，成为具有显著时代特征的幸福产业。

二、大众旅游时代国内旅游客源市场特征

(一) 城乡客源市场呈二元结构

从城乡划分来看，城镇居民仍然是我国国内旅游的主要客源市场。2021 年城镇旅游者国内出游 23.42 亿人次，占比 72.15%；农村旅游者国内出游 9.04 亿人次，占比 27.85%（中国旅游研究院，2022）。在城镇居民国内旅游出游率持续提升和人口城镇化稳步推进的背景下，预计我国城镇旅游者占据国内旅游客源市场主体的特征还将长期持续下去。图 1-4 为 2016~2021 年国内旅游客源市场城乡划分。

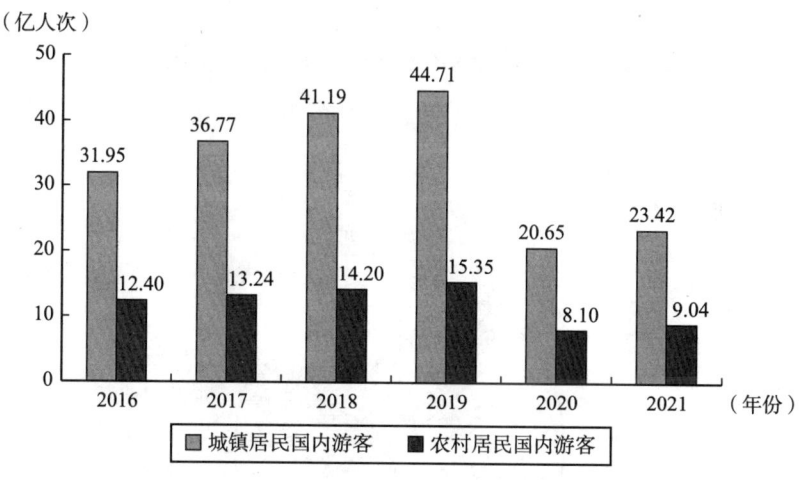

图 1-4　2016~2021 年国内旅游客源市场城乡划分

资料来源：中国旅游研究院. 中国国内旅游发展年度报告 2022 [M]. 北京：旅游教育出版社，2022.

(二) 探亲访友是最主要出游目的

从出游目的构成来看，探亲访友是国内旅游者出游的最主要目的。

城镇国内旅游者以探亲访友为出游目的的占到了44.3%，农村国内旅游者以探亲访友为出游目的的占到了42.2%，见图1-5、图1-6。

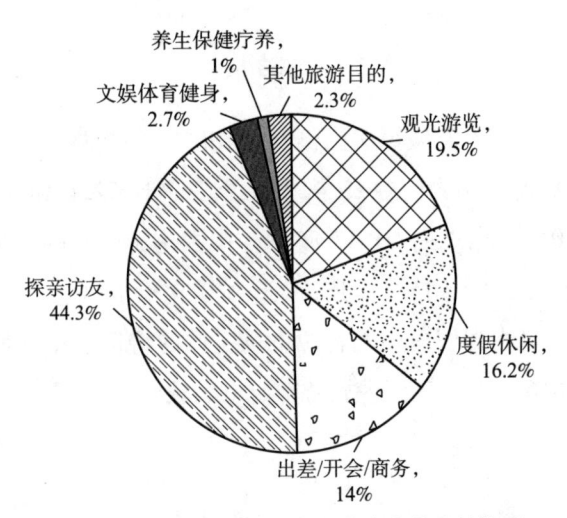

图1-5　2021年城镇国内旅游者出游目的构成

资料来源：中国旅游研究院. 中国国内旅游发展年度报告2022 [M]. 北京：旅游教育出版社，2022.

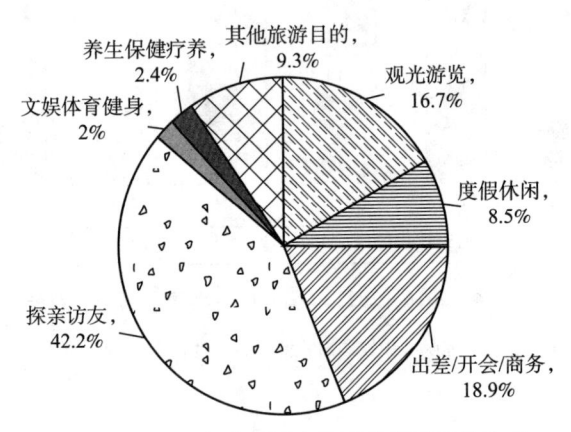

图1-6　2021年农村国内旅游者出游目的构成

资料来源：中国旅游研究院. 中国国内旅游发展年度报告2022 [M]. 北京：旅游教育出版社，2022.

（三）东部地区客源市场超全国一半

综合考虑国内旅游者的出游次数和停留时间等因素，2021年东部地区占据了51.44%的国内旅游客源市场，西部地区占据了24.47%，中部地区占据了21.57%，而东北地区仅占2.52%。东部地区占据了一半以上的国内旅游客源市场，是国内旅游的主要客源地和旅游市场营销的重点目标区，见图1-7。

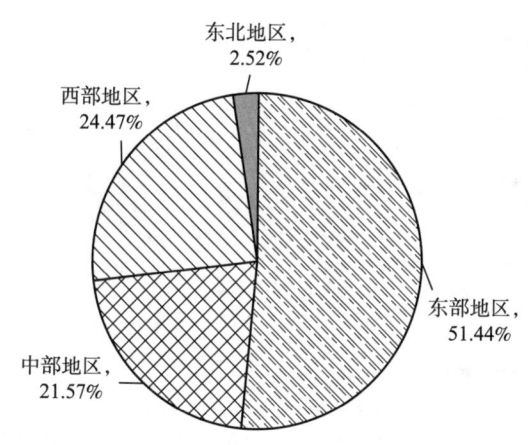

图1-7　2021年各地区国内旅游客源市场规模

资料来源：中国旅游研究院. 中国国内旅游发展年度报告2022 [M]. 北京：旅游教育出版社，2022.

分省份看，2021年浙江、重庆、广东、江苏、湖南等省市具有最大的国内旅游客源市场规模，上海、重庆、浙江、北京、江苏等省市具有最高的国内旅游出游率，见图1-8。

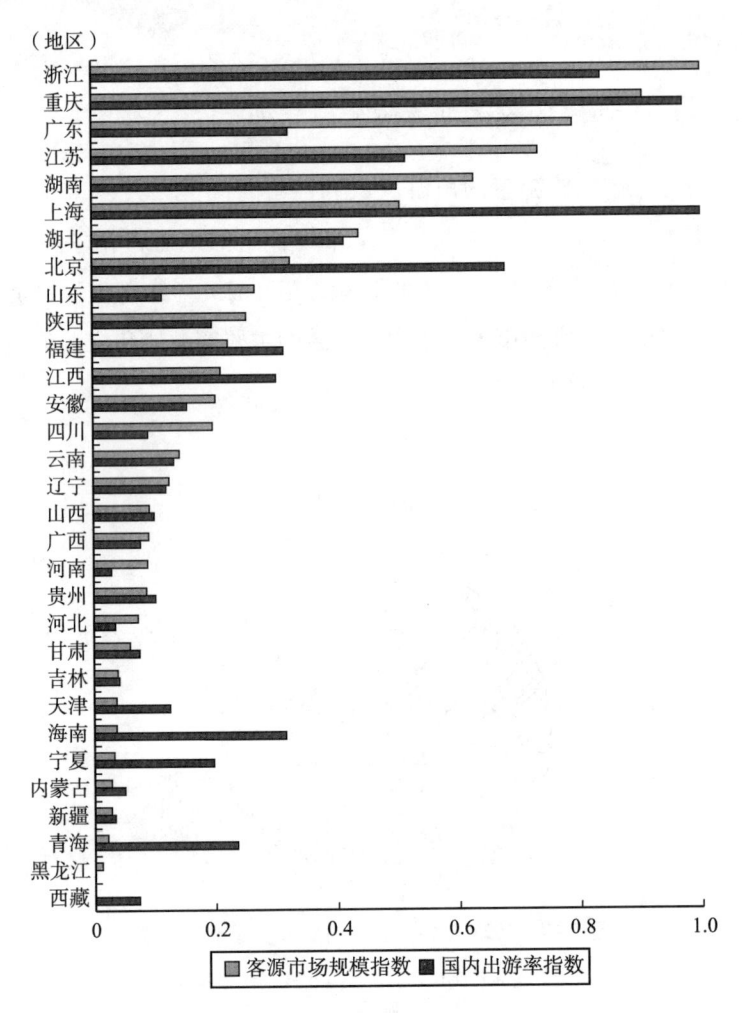

图 1-8　2021年国内旅游客源市场规模和国内出游率指数

资料来源：中国旅游研究院. 中国国内旅游发展年度报告 2022 [M]. 北京：旅游教育出版社，2022.

（四）中老年旅游者成为重要客源

2021年45岁以上的中老年旅游者合计出游11.94亿人次，占据了国内旅游客源市场的36.81%，成为国内旅游市场的重要客源，见图1-9。与此同时，14岁及以下青少年旅游者增速较快，"一老一小"成为国内旅游的

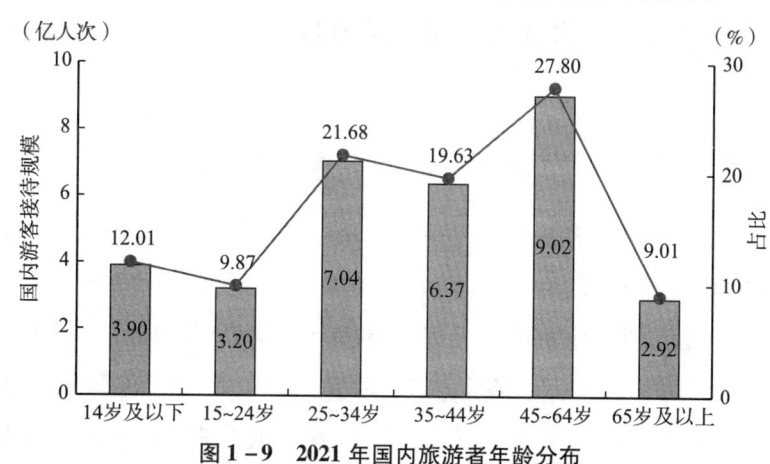

亮点和重点，老年旅游、康养旅游、研学旅行等具有广阔前景。

图 1－9 2021 年国内旅游者年龄分布

资料来源：中国旅游研究院. 中国国内旅游发展年度报告 2022 ［M］. 北京：旅游教育出版社，2022.

（五）国内旅游者呈现出高学历特征

我国国内旅游者呈现出高学历化的趋势。2021 年，具有大专、大学本科学历的国内旅游者占比为 38.58%，具有研究生及以上学历的国内旅游者占比为 3.69%，见图 1－10。

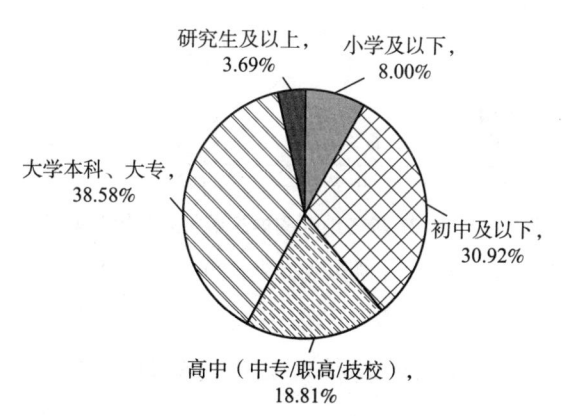

图 1－10 2021 年国内旅游者不同受教育程度占比

资料来源：中国旅游研究院. 中国国内旅游发展年度报告 2022 ［M］. 北京：旅游教育出版社，2022.

三、大众旅游时代国内旅游目的地市场特征

（一）东部旅游目的地收入占全国近四成

2021年，全国各地区国内旅游收入存在显著差异。其中，东部地区国内旅游收入为57344.68亿元，占全国总收入的38.55%。中部地区和西部地区国内旅游收入分别为38806.71亿元和44440.64亿元，分别占全国总收入的26.09%和29.87%。国内旅游收入最少的为东北地区，为8172.91亿元，仅占全国总收入的5.49%，见图1-11、见图1-12。

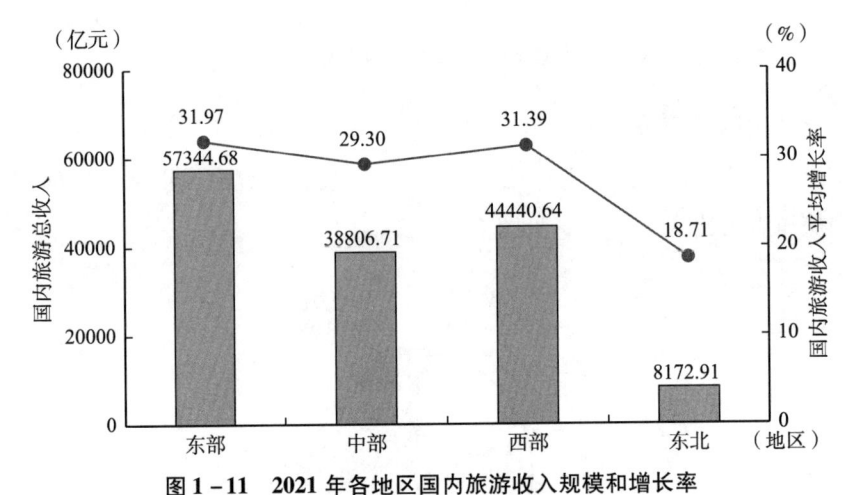

图1-11　2021年各地区国内旅游收入规模和增长率

资料来源：中国旅游研究院．中国国内旅游发展年度报告2022［M］．北京：旅游教育出版社，2022．

（二）西部地区旅游接待人数逐步接近东部

2021年，东部地区和西部地区的国内旅游接待人数差距较小，分别为39.86亿人次和39.44亿人次，中部地区的国内旅游接待人数为

第一章　新时代旅游景区发展环境

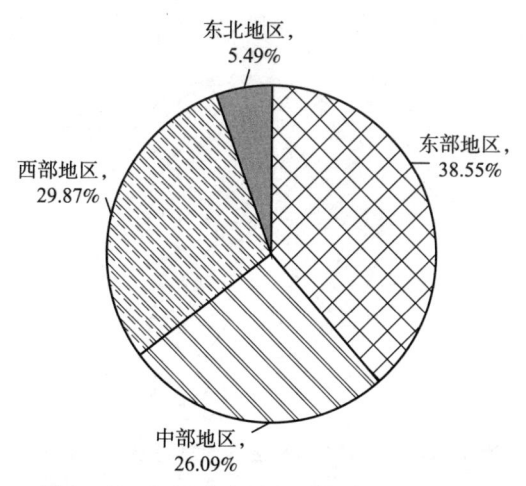

图 1-12　2021 年各地区国内旅游收入占比

资料来源：中国旅游研究院. 中国国内旅游发展年度报告 2022 [M]. 北京：旅游教育出版社，2022.

37.59 亿人次，东北地区的国内旅游接待人数最少，仅为 7.12 亿人次。东北地区与其他三大旅游目的地的差距有进一步拉大的风险，具体见图 1-13、图 1-14。

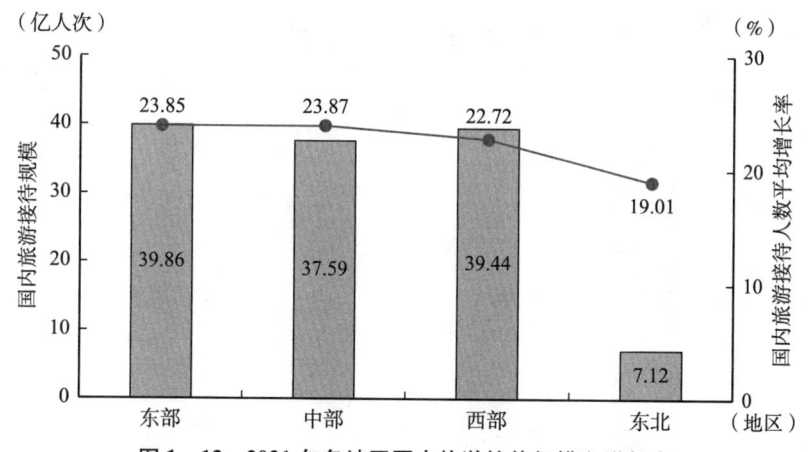

图 1-13　2021 年各地区国内旅游接待规模和增长率

资料来源：中国旅游研究院. 中国国内旅游发展年度报告 2022 [M]. 北京：旅游教育出版社，2022.

31

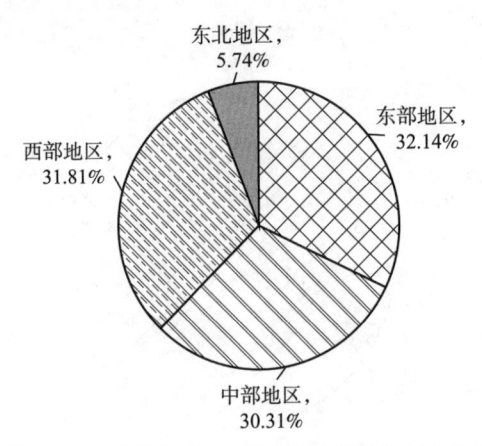

图1-14 2021年各地区国内旅游接待人数占比

资料来源：中国旅游研究院．中国国内旅游发展年度报告2022［M］．北京：旅游教育出版社，2022．

（三）东部地区旅游人均消费大幅领先

2021年各地区的国内旅游人均消费仍存在较大差异。其中，东部地区的国内旅游人均消费最高，达到1438.81元。其次是东北和西部地区，国内旅游人均消费分别为1148.44元和1126.71元。而国内旅游人均消费最少的是中部地区，为1032.23元，见图1-15。

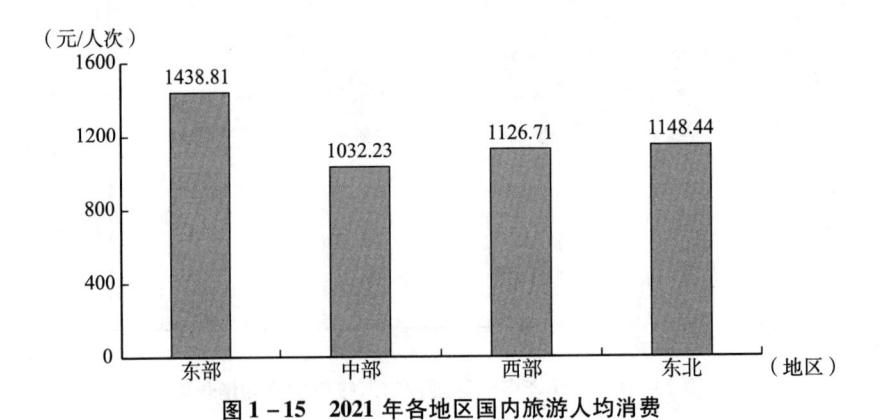

图1-15 2021年各地区国内旅游人均消费

资料来源：中国旅游研究院．中国国内旅游发展年度报告2022［M］．北京：旅游教育出版社，2022．

第一章 新时代旅游景区发展环境

四、大众旅游时代国内旅游流动特征

(一) 省内旅游客流占国内旅游客流八成

根据中国旅游研究院调查，2022年国内旅游客流呈现显著的本地化、近程化特征。近程的省内旅游客流占到了全部国内旅游客流的81.24%，而远程的省际旅游客流仅占18.76%，见图1-16。

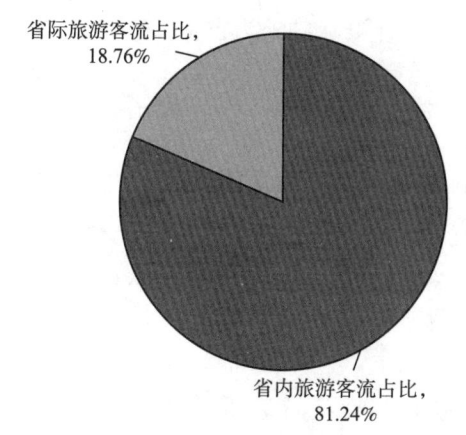

图1-16 2022年国内旅游客流中省内和省际旅游客流占比

资料来源：中国旅游研究院. 中国国内旅游发展年度报告2022 [M]. 北京：旅游教育出版社，2022.

(二) 省际旅游客流集中在相邻省份之间

省际旅游流动表现出相邻省份间互为客源地和目的地的特征。在2022年的全国前100条省际旅游客流中，有81条旅游客流为相邻省份之间的旅游流动，仅有19条旅游客流为非相邻省份之间的旅游流动。

在以东部地区为客源地的39条重要省际旅游客流中，主要客源地

33

为浙江、广东、河北、江苏、山东等省份，主要目的地为安徽、河南、河北、江苏、江西、浙江等省份。

在以中部地区为客源地的 30 条重要省际旅游客流中，主要客源地为河南、江西、湖北等省份，主要目的地为广东、浙江、河南、湖北、湖南等省份。

在以西部地区为客源地的 24 条重要省际旅游客流中，主要客源地为贵州、四川、云南等省份，主要目的地为广东、四川、贵州等省份。

在以东北地区为客源地的 7 条重要省际旅游客流中，主要客源地为辽宁、黑龙江等省份，主要目的地为吉林、辽宁等省份。

（三）省内旅游客流集中在人口大省

2022 年，全国省内旅游客流量排名前十的省份从大到小排序分别为河北省、江苏省、安徽省、山东省、河南省、湖北省、广东省、广西壮族自治区、四川省、陕西省。可以看出，省内旅游客流较多的省份主要集中在人口大省。

（四）全国前十省际旅游客源地

2022 年，按照省际旅游客流流出量计算，全国排名前十的省际旅游客源地从大到小排序分别为河南省、广东省、山东省、河北省、四川省、江苏省、浙江省、安徽省、贵州省、江西省。

（五）全国前十省际旅游目的地

2022 年，按照省际旅游客流流入量计算，全国排名前十的省际旅游目的地从大到小排序分别为江苏省、广东省、河北省、浙江省、四川省、安徽省、湖南省、山东省、河南省、湖北省。

第三节 文化和旅游产业供给发展趋势

一、加速智慧旅游发展

(一) 新技术加快在旅游领域普及

大数据、云计算、物联网、区块链及 5G、北斗系统、虚拟现实、增强现实等新技术将在旅游领域应用普及,以科技创新提升旅游业发展水平。旅游业将大力提升旅游服务相关技术,增强旅游产品的体验性和互动性,提高旅游服务的便利度和安全性。开发面向游客的具备智能推荐、智能决策、智能支付等综合功能的旅游平台和系统工具。推进全息展示、可穿戴设备、服务机器人、智能终端、无人机等技术的综合集成应用。推动智能旅游公共服务、旅游市场治理"智慧大脑"、交互式沉浸式旅游演艺等技术研发与应用示范。

(二) 旅游企业加快智慧化改造

我国将打造一批智慧旅游城市、旅游景区、度假区、旅游街区,培育一批智慧旅游创新企业和重点项目,开发数字化体验产品,发展沉浸式互动体验、虚拟展示、智慧导览等新型旅游服务,推进以"互联网+"为代表的旅游场景化建设。提升旅游景区、度假区等各类旅游重点区域5G 网络覆盖水平。推动停车场、旅游集散中心、旅游咨询中心、游客服务中心、旅游专用道路、旅游厕所及旅游景区、度假区内部引导标识系统等数字化、智能化改造升级。通过互联网有效整合线上线下资源,促进旅行社等旅游企业转型升级,鼓励旅游景区、度假区、旅游饭店、主题公园、民宿等与互联网服务平台合作建设网上旗舰店。鼓励依法依规利用大数据等手段，提高旅游营销传播的针对性和有效性。

（三）旅游景区加快智慧化转型

我国将科学推进预约、限量、错峰旅游，促进旅游景区实现在线、多渠道、分时段预约，提高管理效能。通过建设旅游景区监测设施和大数据平台，健全智能调度应用，促进旅游景区资源高峰期合理化配置，实现精确预警和科学导流。普及旅游景区电子地图、线路推荐、语音导览等智慧化服务，提高游览便捷性。支持各地区因地制宜建设特色化智慧旅游景区，运用数字技术充分展示特色文化内涵。推动国家4A级以上旅游景区基本实现智慧化转型升级。

（四）创新智慧旅游公共服务模式

我国将有效整合旅游、交通、气象、测绘等信息，综合应用第五代移动通信（5G）、大数据、云计算等技术，及时发布气象预警、道路通行、游客接待量等实时信息，加强旅游预约平台建设，推进分时段预约游览、流量监测监控、科学引导分流等服务。建设旅游监测设施和大数据平台，推进"互联网+监管"，建立大数据精准监管机制。

（五）文化产业数字化重点研究领域

（1）开展云展览、云娱乐、线上演播、数字艺术、沉浸式体验等新兴业态的内容生成、定制消费、智慧服务和共治管理的关键技术研究，支持新形态数字艺术关键技术与工具研制，培育数字文化产业新业态。

（2）研发新一代动漫、网络音乐、网络表演、网络视听、数字艺术等创作生产、可视化呈现、互动化传播、沉浸式体验、便捷化消费等技术与专用系统工具。

第一章　新时代旅游景区发展环境

（3）引导和推动内容制作和传播相关的设备、软件和系统研究，研发线上演播、沉浸式演出视觉内容创作和呈现设计软件工具，研究全息展演、可穿戴表演设备、表演机器人、智能终端、无人机等技术的综合集成应用。

（4）研究空间声场设计与仿真技术，研发演出模拟与预呈现的工具及系统，研发文化演出音频内容创作软件工具，开展网络直播智能虚拟场景生成技术研究及应用。

（5）积极推动工业互联网和物联网在智能文化装备生产和消费各环节的关键技术研究。研发线下文化资源、文娱模式数字化创新、传统产业上线上云的关键技术。

（六）旅游业数字化重点研究领域

（1）推进预约、错峰、限量常态化技术研究，研发自主预约、智能游览、线上互动、资讯共享、安全防控等一体化服务和用户智能管理的综合平台，开展基于大数据、人工智能的旅游"智慧大脑"应用示范。

（2）研发旅游消费智能追踪与分析技术，推动文化和旅游融合的大数据营销推广技术研发与应用示范，研制新兴数字旅游资讯传播平台系统。

（3）开展旅游景区、度假区、休闲城市和街区、乡村旅游点智慧化服务技术研究，研发旅游住宿智慧物联管理服务系统和平台。推动5G、大数据、人工智能、物联网、区块链等新技术在各类文化和旅游消费场景的应用。研发景区、度假区、休闲城市和街区智能设计技术。

（4）研发基础设施类、休闲体验类、游艺游乐类高端旅游系统装备和专用材料。开展邮轮游艇、自驾车（旅居车）、低空飞行、游艺游乐装置等装备和设施研制。推进夜间文化和旅游产品装备关键技术研发。研发面向冰雪旅游、海岛旅游、山地旅游专用装备及高海拔地区特殊旅游装备。推动低能耗、高安全、智能化的旅游交通装备研制和非接

37

触式服务智能装备和系统研发。推动文化和旅游创意产品开发与现代科技融合发展。

（5）研发旅游场所的智能感知与信息协同技术，研发多终端一体化的游客行为识别和消费感应服务系统。开发面向自助游客的具备智能规划、智能服务、智慧决策、无感支付等综合功能的旅行平台和系统工具。

二、构建旅游空间新格局

（一）"点状辐射、带状串联、网状协同"旅游空间

我国将综合考虑文脉、地脉、水脉、交通干线和国家重大发展战略，统筹生态安全和旅游业发展，以长城、大运河、长征、黄河、长江国家文化公园和丝绸之路旅游带、沿海黄金旅游带、京哈—京港澳高铁沿线、太行山—武陵山、万里茶道等为依托，构建"点状辐射、带状串联、网状协同"的全国旅游空间新格局。

（二）跨行政区域旅游资源整合利用

健全京津冀协同发展、长江经济带发展、粤港澳大湾区建设、长三角一体化发展、黄河流域生态保护和高质量发展等区域重大战略旅游协调机制，推进跨行政区域旅游资源整合利用。加强区域旅游品牌和服务整合，支持京张体育文化旅游带、黄河文化旅游带、巴蜀文化旅游走廊、杭黄自然生态和文化旅游廊道、太行山区等旅游发展。

（三）推出跨区域精品旅游线路

持续推进跨区域特色旅游功能区建设，继续推出一批国家旅游风景道和自驾游精品线路，打造一批世界级、国家级旅游线路。鼓励各地区

因地制宜实现差异化发展。

三、创新旅游资源利用模式

（一）创新文化资源保护利用模式

推进国家文化公园建设，生动呈现中华文化的独特创造、价值理念和鲜明特色，树立和突出各民族共享的中华文化符号和中华民族形象，探索新时代文物和文化资源保护传承利用新路径，把国家文化公园建设成为传承中华文明的历史文化走廊、中华民族共同精神家园、提升人民生活品质的文化和旅游体验空间。加快建设长城、大运河、长征、黄河、长江等国家文化公园，整合具有突出意义、重要影响、重大主题的文物和文化资源，重点建设管控保护、主题展示、文旅融合、传统利用四类主体功能区，实施保护传承、研究发掘、环境配套、文旅融合、数字再现五大工程，突出"万里长城""千年运河""两万五千里长征""九曲黄河""美丽长江"整体辨识度。推进优质文化旅游资源一体化开发，科学规划、开发文化旅游产品和商品。推出参观游览联程联运经典线路，开展整体品牌塑造和营销推介。

（二）创新自然资源保护利用模式

推进以国家公园为主体的自然保护地体系建设，形成自然生态系统保护的新体制新模式。充分发挥国家公园教育、游憩等综合功能，在保护的前提下，对一些生态稳定性好、环境承载能力强的森林、草原、湖泊、湿地、沙漠等自然空间依法依规进行科学规划，开展森林康养、自然教育、生态体验、户外运动，构建高品质、多样化的生态产品体系。建立部门协同机制，在生态文明教育、自然生态保护和旅游开发利用方面，加强资源共享、产品研发、人才交流、宣传推介、监督执法等合作。

（三）创新非遗资源保护利用模式

推动非遗与旅游融合发展。妥善处理非遗保护与旅游开发之间的关系，在有效保护的前提下，推动非遗与旅游融合发展。支持利用非遗馆、传承体验中心、非遗工坊等场所，培育一批非遗旅游体验基地。推出一批具有鲜明非遗特色的主题旅游线路、研学旅游产品和演艺作品。支持非遗有机融入景区、度假区、旅游休闲街区、特色小镇，鼓励非遗特色景区发展。

四、丰富优质旅游产品供给

（一）世界级旅游景区和度假区

建设一批富有文化底蕴的世界级旅游景区和度假区。以世界遗产地、国家5A级旅游景区为基础，深入挖掘展示旅游资源承载的中华文化精神内涵，创新发展模式，完善标准指引，统筹资源利用，强化政策支持，保障要素配置，稳步推进建设，打造具有独特性、代表性和国际影响力的世界级旅游景区。以国家级旅游度假区及重大度假项目为基础，充分结合文化遗产、主题娱乐、精品演艺、商务会展、城市休闲、体育运动、生态旅游、乡村旅游、医养康养等打造核心度假产品和精品演艺项目，发展特色文创产品和旅游商品，丰富夜间文化旅游产品，烘托整体文化景观和浓郁度假氛围，培育世界级旅游度假区。

（二）国家级旅游休闲城市和街区

打造一批文化特色鲜明的国家级旅游休闲城市和街区。以满足本地居民休闲生活与外地游客旅游度假需要为基础，培育文化特色鲜明、旅游休闲消费旺盛、生态环境优美的国家级旅游休闲城市。充分利用城市历史文化街区、公共文化设施、特色商业与餐饮美食等资源，加强文物和非物质文化遗产保护利用，突出地方文化特色，优化交通与公共服务设施配置，完善公共文化设施的旅游服务功能，鼓励延长各类具有休闲功能的公共设施开放时间，建设国家级旅游休闲街区。

五、推进文化和旅游产业融合发展

（一）推进文化和旅游深度融合

我国将继续坚持以文塑旅、以旅彰文的原则，积极寻找产业链条各环节的对接点，以文化提升旅游的内涵品质，以旅游促进文化的传播消费，实现文化产业和旅游产业双向融合、相互促进。

1. 文化和旅游融合重点业态

推动旅游演艺、文化遗产旅游、研学旅游、主题公园、主题酒店、特色民宿等业态提质升级，不断培育融合新业态。

推进旅游演艺转型升级、提质增效，鼓励各地因地制宜发展中小型、主题性、特色类、定制类旅游演艺产品，鼓励合理规划建设旅游演艺集聚区。加强对文化遗产资源价值的挖掘，鼓励依托文物、非物质文化遗产资源大力发展文化遗产旅游、研学旅游，开发集文化体验、科技创新、知识普及、娱乐休闲、亲子互动于一体的新型研学旅游产品。规范发展富有中国文化特色、体现中国文化元素、科技含量高的主题公园。推进数字经济格局下的文化和旅游融合，加强数字文化企业与互联网旅游企业对接合作，促进数字内容向旅游领域延伸，强化文化对旅游的内容支撑和创意提升作用。积极利用数字展示、虚拟现实、增强现实、全息投影等技术，加大数字化、沉浸式、互动性等文化和旅游项目设计开发。

2. 文化和旅游融合发展载体

建设一批文化和旅游资源丰富、产业优势明显、产业链深度融合互促的国家文化产业和旅游产业融合发展示范区，着力打通上下游产业链，进一步提高供给质量。统筹文化和旅游资源发掘利用，推动更多文化资源要素转化为旅游产品，建设一批富有文化底蕴的世界级旅游景区和度假区，打造一批文化特色鲜明的国家级旅游休闲城市和街区，发展红色旅游和乡村旅游，让人们在领略自然之美中感悟文化之美、陶冶心灵之美。推动多元文化元素和特色文化体验融入食、住、行、游、购、娱等环节，为旅游注入更加优质、更富吸引力的文化内容。鼓励各地因地制宜培育地方特色鲜明、文化内涵突出、游客参与度高的文化节庆活动。

（二）推进"旅游+"产业融合

我国将推进旅游与科技、教育、交通、体育、工业、农业、林草、卫生健康、中医药、非遗等领域相加相融、协同发展，延伸产业链、创造新价值、催生新业态，形成多产业融合发展新局面。以下是"旅游+"产业融合的重点领域：

（1）依托重大科技工程及成果，加强科技场馆利用，大力发展科技旅游。依托博物馆、非遗馆、国家文化公园、世界文化遗产地、文物保护单位、红色旅游景区等资源发展文化遗产旅游。

（2）推动研学实践活动发展，创建一批研学资源丰富、课程体系健全、活动特色鲜明、安全措施完善的研学实践活动基地，为中小学生有组织研学实践活动提供必要保障和支持。

（3）加快建设国家旅游风景道、旅游主题高速公路服务区、旅游驿站，推动地方政府和中国国家铁路集团有限公司建立平台，合力打造主题旅游列车，推进旅游和交通融合发展。

（4）选择一批符合条件的旅游景区、城镇开展多种形式的低空旅游，强化安全监管，推动通用航空旅游示范工程和航空飞行营地建设。

（5）实施体育旅游精品示范工程，以北京冬奥会、冬残奥会等重大体育赛事为契机，打造一批有影响力的体育旅游精品线路、精品赛事和示范基地，规范和引导国家体育旅游示范区建设。

（6）大力推进冰雪旅游发展，完善冰雪旅游服务设施体系，加快冰雪旅游与冰雪运动、冰雪文化、冰雪装备制造等融合发展，打造一批国家级滑雪旅游度假地和冰雪旅游基地。

（7）建设一批休闲农业重点县，加大美丽休闲乡村、休闲农业精品景点线路推介，加强重要农业文化遗产挖掘、保护、传承和利用，建立完善乡村休闲旅游服务标准体系。

（8）依托森林等自然资源，引导发展森林旅游新业态新产品，加大品牌建设和标准化力度，有序推进国家森林步道建设。

（9）促进水利风景区高质量发展。

（10）提高海洋文化旅游开发水平，推动无居民海岛旅游利用。

（11）鼓励依托工业生产场所、生产工艺和工业遗产开展工业旅游，建设一批国家工业旅游示范基地。鼓励各地区依托报废军事设施等开展国防军事旅游，建设一批国防军事旅游基地。

（12）推进港口历史文化展示区、港口博物馆建设，因地制宜发展港口游。

（13）加快推进旅游与健康、养老、中医药结合，打造一批国家中医药健康旅游示范区和示范基地。

（14）鼓励非遗特色旅游景区发展。实施旅游商品创意提升行动，引导开发更多符合市场需求、更具文化内涵的旅游商品。

（三）推进"文化+"产业融合

我国将持续探索文化产业与文化事业融合互促的有效机制，促进保障人民文化权益与满足多样化文化需求有机结合。以下是"文化+"产业融合的重点领域：

（1）推动文化产业发展融入生态文明建设全局，助推形成节约资源和保护环境的空间格局、产业结构、生产方式、生活方式，为构建美丽家园、建设美丽中国提供文化动力。

（2）推动文化与农村一二三产业融合发展，提升农产品创意设计水平，合理开发农耕文化、农业文化遗产，支持发展富有文化创意含量的农耕体验、田园观光、阳台农艺等特色农业。

（3）提升日用品、家居用品、家用电器、电子产品、服装服饰、体育用品等消费品文化内涵和设计水平，增加多样化供给，引导消费升级。

（4）鼓励发展品牌授权，提升制造业和服务业的品牌价值和文化价值。

（5）推动文化与商业深度融合，鼓励打造一批汇聚艺术表演、阅读分享、观影体验等消费业态的文化商业综合体。

（6）提升城乡规划和建筑设计文化含量，把更多美术元素、艺术元素应用到城乡规划建设中，增强城乡审美韵味、文化品位，服务高品质生活需求。

（7）鼓励各地依托自然人文资源举办特色体育活动，支持发展体育竞赛表演等业态。

（8）推动文化产业与健康养老产业结合，支持开发承载中医药文化的创意产品。

六、旅游服务质量进一步提升

（一）以游客为中心的旅游服务质量评价

我国将大力实施旅游服务质量评价体系建设工程，建立以游客为中心的旅游服务质量评价体系，形成科学有效的服务监测机制。通过开发旅游服务质量评价系统、制定完善评价模型和指标、推广和拓展评价体系应用场景，最终建立系统完备、科学规范、运行有效、覆盖服务全流程的旅游服务质量评价体系。

（二）建设无障碍旅游环境

我国将实施旅游设施和旅游服务的无障碍改造，大力建设无障碍旅游环境。在旅游设施、旅游服务中增加文化元素和内涵，体现人文关怀。充分考虑特殊群体需求，健全无障碍旅游服务标准规范，加强老年人、残疾人等便利化旅游设施建设和改造，推动将无障碍旅游内容纳入《中华人民共和国无障碍环境建设法》。旅游景区等场所开展预约服务的同时，应保留人工窗口和电话专线，为老年人保留一定数量的线下免预约进入或购票名额，提供必要的信息引导、人工服务。

第四节　新时代旅游景区发展趋势

《中华人民共和国国民经济和社会发展第十四个五年规划和2035年远景目标纲要》提出，要建设一批富有文化底蕴的世界级旅游景区和度假区。高等级旅游景区融入全域旅游目的地空间格局，共同创建世界级旅游度假区，是"十四五"时期的国家战略，是国家丰富优质旅游产品供给的重要抓手，也是我国5A级旅游景区在新时代高质量发展的重要方向和路径。

老君山在国家5A级旅游景区基础上创建富有文化底蕴的世界级旅游度假区，有助于老君山提升旅游知名度、扩大旅游客源市场、深入推进文旅融合、丰富旅游产品体系、实现度假旅居突破、优化旅游服务质量、构建旅游目的地格局，是老君山景区在未来持续高质量发展的主要路径和重要目标。

一、世界级旅游度假区概念界定

根据我国的《旅游度假区等级划分》（GB/T 26358–2022），旅游度假区是具有良好的资源与环境条件，能够满足游客休憩、康体、运动、益智、娱乐等休闲需求的，相对完整的度假设施聚集区。

世界级旅游度假区，是指具有世界级的核心度假产品集群和旅游服务体系，能够吸引国内外游客前来旅游、度假和旅居，能够满足游客的文化体验、主题娱乐、运动健身、休闲游憩、研学教育、医养康养等旅游度假需求，内部具有紧密产业联系并共享旅游市场的空间区域。

（一）世界一流的旅游服务体系

我国建设世界级旅游度假区，要贯彻旅游业高质量发展理念，防止低水平重复建设。在建设世界级旅游度假区的过程中，首先要重视质的显著提升。

世界级旅游度假区要有世界一流的旅游服务体系，在文旅融合发展、核心度假产品群建设、旅游度假目的地建设、基础设施和公共服务、社会治理格局、可持续发展、人才智库建设、营商环境建设、国际交流合作、体制机制保障等方面达到世界水准。

（二）世界水准的旅游产业规模

我国建设世界级旅游度假区，还要重视量的适度扩张。世界级旅游度假区应具备较大的旅游产业规模，具有较强的旅游接待能力，具有较多的旅游接待人数和旅游收入，才能够通过核心度假产品群、旅游度假目的地的建设，在全球范围内产生较强的旅游吸引力，并带来较高的社会效益和经济效益。

(三) 世界一流的游客满意度

我国建设世界级旅游度假区，要坚持以人民为中心，顺应旅游消费升级趋势，以人民满意为重要标准，实现人民对美好生活的向往。

世界级旅游度假区要有世界一流的旅游管理服务水平，提供世界一流的旅游质量感、旅游价值感和旅游忠诚度，让来自全球的旅游者获得世界一流的游客满意度。

(四) 世界一流的旅游知名度

我国有全世界最大的国内旅游和出境旅游市场，特别是在"以国内大循环为主体、国内国际双循环相互促进"的新发展格局下，国内旅游者必然占据旅游度假区客源的较大比重。因此，我国与马尔代夫、新加坡、希腊等区域面积较小、总人口较少的旅游目的地有显著区别，不能简单采用入境旅游者比重来评判世界级旅游度假区。

我国建设富有文化底蕴的世界级旅游度假区，最终目标是提升国家文化软实力。因此，首先要强调世界级旅游度假区在全球的知名度、美誉度和传播力。通过文化和旅游融合发展，让世界级旅游度假区成为对外文化交流的重要载体。

二、世界级旅游度假区共性特征

本书在旅游度假区的发展历史研究和理论研究基础上，充分考虑了我国城乡居民休闲度假行为特征和发展趋势，借鉴了世界知名旅游度假区的成功经验，总结出了五条世界级旅游度假区的共性特征：

(一) 多元化旅游市场融合发展

世界级旅游度假区并非只面向入境旅游者，也绝不是只服务于高端旅游者。世界级旅游度假区同时服务于本地、区域、国内和国际旅游市场，也同时面向不同消费层次的旅游人群。世界级旅游度假区实际上是在服务全球旅游市场。

不同客源市场具有不同的出游规律和消费特征。正是由于多元化旅游市场的叠加，在较大程度上熨平了旅游流的季节性波动、增强了旅游度假区抗御风险的能力。同时为多元化旅游市场提供多元化产品，也有利于综合型旅游度假区的建设和发展。

（二）文化和旅游产业融合发展

旅游度假区在发展过程中度假产品体系不断配套化、舒适化、标准化，基础设施和公共服务体系也不断健全。但是，这些由跨国旅游企业投资的度假项目往往只能体现全球流行时尚文化，而不能深入挖掘本土文化内涵。最终，各地旅游度假区雷同较强，难以吸引远程旅游者。

世界级旅游度假区处于激烈的全球度假目的地竞争之中，只有深入挖掘历史文化内涵，并开发形成文化度假产品，营造浓郁文化氛围，才能在全球度假目的地竞争中脱颖而出，吸引远程旅游者来度假。

（三）度假区和周边区域融合发展

绝大多数世界级旅游度假区不像封闭式景区一样有物理空间边界，很多世界级旅游度假区包含了旅游城市、旅游小镇、旅游村落等等行政区，以及国家公园、世界文化遗产等旅游景区。

世界级旅游度假区的发展趋势是与目的地融合发展。只有从大区域的视角统一规划、共同发展，才能够增强旅游度假区的可进入性、吸引力和接待能力，进一步完善旅游度假设施和产品体系，增强旅游度假区的可持续发展能力，最大化旅游度假区发展带来的经济、社会和生态效益，最终建成世界级旅游度假区。

（四）综合型旅游度假区成为趋势

传统旅游度假区在原有单个核心度假产品的基础上，核心度假产品体系不断多元化并逐渐形成核心度假产品群，进而与目的地紧密融合在一起，最终形成度假产品体系健全、旅游吸引力强、自我包容性强、满足多元市场需求、抵御市场波动能力强、旅游产业深度融合的世界级旅游度假区。

世界级旅游度假区的发展呈现出"核心度假产品"→"核心度假产品+辅助度假产品"→"目的地+核心度假产品群"的发展规律。因此，包含酒店、餐馆、会议中心、主题公园、购物中心等多种度假产品，并且与目的地深度融合发展，是世界级旅游度假区的发展趋势。

（五）世界一流的游客满意度

世界级旅游度假区除了具有成体系的核心度假产品群，具有健全的旅游目的地，还应具有较高的游客满意度。世界级旅游度假区需要建立以人为本的服务理念，各项服务品质能够达到国际水准，游客能够感受到温馨和善的好客氛围，弱势群体能够安全进入旅游度假。

世界级旅游度假区同时面向本地、区域、国内和入境等多个旅游市场，同时服务于本地居民、旅游者和旅居者等多个旅游群体，同时具有度假酒店和产权居所等多类旅游住宿设施。因此，世界级旅游度假区与以酒店为主要住宿设施的旅游景区不同，它具有复杂旅游度假社区的特征，需要建立本地居民、旅游者和旅居者的利益协调机制，创新旅游度假社区的共建共管共享模式，满足本地居民休闲需求、旅居者生活需求和旅游者度假需求，才能整体提升游客满意度。

三、世界级旅游度假区发展路径

综合上述，世界级旅游度假区的共性特征，可以总结出世界级旅游度假区的发展路径，明确我们在建设世界级旅游度假区过程中的工作重点。

（一）近程和远程市场重合形成全年旅游大市场

通过满足本地、区域、国内和入境旅游者的多元化旅游需求，构建近程和远程重合的旅游市场，能够有效扩大市场规模、熨平季节性波动，构建全年候旅游大市场。

（二）文化和旅游资源融合形成核心吸引力

通过充分挖掘本土文化和民俗风情，并开发形成富有文化底蕴的旅游要素、旅游产品，能够在旅游度假区形成浓郁本土文化氛围，进而在全球旅游目的地激烈竞争中形成核心竞争力。

（三）度假区和区域融合形成旅游度假目的地

通过旅游度假区与目的地统一规划、融合发展，能够增强旅游度假区的可进入性、吸引力和接待能力，完善度假设施和产品体系，最终增强旅游度假区的可持续发展能力和综合社会效益。

（四）核心度假产品群融合形成综合型旅游度假区

通过打造核心度假产品群并建设综合型旅游度假区，能够健全度假产品体系、增强度假区自我包容性，进而提升旅游吸引力，满足多元市场需求，扩大旅游产业规模，增强可持续发展能力。

（五）度假酒店和旅居设施融合形成旅游度假社区

通过建设分时度假、公寓式酒店、目的地俱乐部、第二居所等旅居设施，实现度假酒店和旅居设施融合发展，能够体现旅游度假的短期生活特征，满足旅居者的异地生活需求，形成可持续的投资发展模式。

（六）社区共建共享共管提升游客满意度

通过建立本地居民、旅游者和旅居者的利益协调机制，创新旅游度假社区的共建共管共享模式，满足本地居民休闲需求、旅居者生活需求和旅游者度假需求，能够整体提升游客满意度。

（七）发展支持体系整合形成优越营商环境

通过构建包括要素供给、基础设施、公共服务、社区支持、市场营销、旅游安全、优惠政策等发展支持条件的营商环境，能够激发优质旅游企业的发展创新活力，为世界级旅游度假区建设打造核心动力。

四、我国发展世界级旅游度假区的条件分析

我国的旅游度假区建设工作以《旅游度假区等级划分》（GB/T 26358-2022）为规范和引领，以《国家级旅游度假区管理办法》为政策保障，截至2023年10月我国已评定63家国家级旅游度假区。这些国家级旅游度假区具备成为世界级旅游度假区的潜力，是我们创建世界级旅游度假区的重点，但与夏威夷、拉斯维加斯、圣托里尼等国外知名旅游度假区相比，还普遍存在以下不足之处：

（1）尚未形成深厚的文化底蕴，并依托文化内涵形成世界级的旅游知名度和吸引力；

（2）过分依赖温泉、湖泊、海滨等单类型核心度假产品，还需要

进一步丰富核心度假产品体系，建设核心度假产品群，并与周边区域融合发展，最终建成旅游度假目的地；

（3）大部分旅游度假区尚未建立游客满意度调查和评价机制，在通过精细化服务提升旅游服务品质方面距离国际水准还有较大差距；

（4）针对旅游度假区建设以标准化评定为主，尚未建立起以营造优越营商环境为依托的动态发展支持体系。

因此，我国在建设世界级旅游度假区的过程中，要以现有63家国家级旅游度假区为基础，紧扣世界一流的旅游服务体系、世界水准的旅游产业规模、世界一流的游客满意度、世界一流的旅游知名度等四大目标，通过文化和旅游资源融合形成核心吸引力、度假区和区域融合形成旅游度假目的地、核心度假产品群融合形成综合型旅游度假区、社区共建共享共管提升游客满意度、发展支持体系整合形成优越营商环境等抓手，积极创建世界级旅游度假区。

第二章

新时代旅游景区发展愿景

建设富有文化底蕴的世界级旅游度假区是"十四五"规划纲要提出的任务，对于增加旅游产品有效供给、扩大旅游消费、推动旅游业转型升级、助力构建新发展格局、更好满足人民群众美好生活需要具有重要意义。

世界级旅游度假区，是具有世界一流的产品质量、产业规模、市场影响和治理水平的旅游度假区。本章将结合《世界级旅游度假区建设指引》（文化和旅游部，2023）要求，提出老君山未来中长期的发展愿景。

第一节 世界级旅游吸引力

一、具有丰富的文化和旅游资源

世界级旅游度假区应具有丰富的文化和旅游资源，文化资源应是中华优秀传统文化、革命文化、社会主义先进文化的杰出代表，自然资源在全国乃至世界范围具有独特性。旅游度假区与旅游目的地整合水平高。具有良好的气候条件、环境质量和生态资源。争取列入中国特品级旅游资源名录。

（一）文化资源

世界级旅游度假区应富有文化底蕴，在完成文化资源普查的基础上，将世界文化遗产、文物保护单位、文物、工业遗产、农业文化遗产、交通文化遗产、水文化遗产、历史文化名镇名村、传统村落、历史文化街区、历史建筑、古树名木、非物质文化遗产、古籍、美术馆藏品、地方戏曲剧种、传统器乐乐种等文化资源分类整理建档，形成文化资源保护开发名录和大数据库。

世界级旅游度假区的文化资源应是中华优秀传统文化、革命文化、社会主义先进文化的杰出代表，并借此建成对外文化交流和多层次文明对话的平台，拥有世界文化遗产的地区优先。

（二）自然资源

世界级旅游度假区应具有自然资源稀缺性。自然景观资源在全国乃至世界范围具有独特性。拥有沙滩、河湖、山地、滑雪地、森林、温泉、草原等自然景观资源，并借此开发形成核心度假产品。拥有世界自然遗产或国家公园的地区优先。

二、具有优越的旅游度假环境

世界级旅游度假区应具有良好的气候条件，气候舒适度较高，度假适游季较长。世界级旅游度假区还应具有丰富的生态资源，环境质量良好，森林覆盖率和建成区绿化覆盖率达到较高水平，空气、噪声、土壤、地表水等质量达到相应国家标准要求。

三、实现区域旅游协同发展

世界级旅游度假区应与旅游目的地有较高的整合水平，旅游度假区充分纳入洛阳市、栾川县的"十四五"规划和2035年愿景目标。老君山世界级旅游度假区与栾川县全域旅游示范区建设有机结合，旅游度假区有效整合周边的城市休闲、郊野游憩、乡村旅游、生态旅游等旅游空间，形成区域旅游协同发展格局，实现旅游发展规划、旅游吸引物体系、旅游基础设施和公共服务、旅游服务要素和新业态、旅游资源和生态环境保护等一体化发展，建设世界级旅游度假目的地。

四、核心度假产品集群化发展

世界级旅游度假区应实现核心度假产品集群化发展。旅游度假与文化娱乐、自然生态、体育运动、医养康养、商务会展等深度融合，形成区域集聚度较高的核心度假产品群。核心度假产品之间资源互补、布局合理、业态关联、形成合力。

世界级旅游度假区的核心度假产品充分考虑到不同类别游客的需求差异，能够提供分层次的产品体系，满足游客的休憩、康养、运动、研学、娱乐等多元化需求，成为业态丰富、精品集聚、文化鲜明、环境舒适的世界旅游度假胜地。

五、文化和旅游融合发展

世界级旅游度假区应编制完成文化和旅游融合发展规划，谋划文旅融合发展总体思路，展现旅游度假区的历史风貌和文化魅力。推进中华优秀传统文化的创造性转化、创新性发展，建成历史文化资源的活化利用典范。旅游度假产品融入文化底蕴，建成文化旅游精品的展示和体验平台。

世界级旅游度假区应形成整体文化景观和浓郁文化氛围，打造具有高品质的文化旅游演艺产品，非物质文化遗产和优秀传统手工艺实现活态传承，夜间文化和旅游产品进一步丰富，能提供高质量的博物馆、图书馆和美术馆等公共文化服务。

第二节 世界级游客满意度

一、旅游产业要素创新发展

世界级旅游度假区的餐饮、住宿、购物等旅游产业要素应实现创新能力强、业态组合丰富、文旅融合水平高，旅游服务质量能够达到国际一流水平。

（一）旅游餐饮业

世界级旅游度假区应开展餐饮资源普查，形成特色菜品体系。大力挖掘历史文化、民族文化、红色文化，推动餐饮美食与文化体验融合创新发展，形成主题文化餐饮，鼓励文化餐饮"申遗"。

世界级旅游度假区的餐饮应与古建筑、传统民居、手工艺、非遗、演艺、节庆等文化产品融合，营造文化餐饮体验场景。餐饮业与文化、购物、亲子、娱乐、健身、研学等休闲产业融合发展，建设旅游休闲街区、商业综合体。

（二）旅游住宿业

世界级旅游度假区应推进旅游住宿业结构优化、品牌打造和服务提升，建立层次分明、结构齐备、类型多样、布局合理的旅游住宿业体系。主要住宿产品应包括星级饭店、生态住宿、特色民宿、度假住宿、康养住宿等多种类型，实现星级饭店标准化、生态住宿多元化、特色民宿精品化、度假住宿目的地化、康养住宿社区化发展，满足旅游者和旅居者的多样性需求。

（三）旅游购物业

世界级旅游度假区应建成旅游购物中心，通过引进知名品牌首店、旗舰店和体验店等业态，打造旅游购物综合体，设计具有文化特色的休闲购物街区，培育商品体验、特色商业等购物项目，促进旅游度假与休闲购物融合发展。

世界级旅游度假区应实现免税购物突破，加大离境退税政策宣传力度，扩大离境购物退税商店数量，推行现场退税方式，提高离境退税各环节办理速度和便利程度。积极推动在世界级旅游度假区实施免税购物政策，提高免税购物便利化程度，提高免税购物限额。

二、提供高品质的旅游服务

世界级旅游度假区应加大优质公共服务供给，满足旅游者、旅居者和本地居民对高品质公共服务的需求。实现公共服务便利化、旅游服务惠民化、入境旅游便利化、服务环境国际化。

（一）公共服务便利化

世界级旅游度假区应建立以居民身份号码为唯一标识的居住证制

度，给予外来游客享受医疗、养老、教育等公共服务的市民待遇。世界级旅游度假区应建立异地就医直接结算信息沟通和应急联动机制，完善住院费用异地直接结算。发展商业医疗保险、长期护理保险。推进社会养老服务设施建设，推进社会保险异地办理，开展养老服务补贴异地结算试点，促进异地养老。建立老龄人力资源开发机制，创新"候鸟人才""旅居人才"引进和使用机制。研究解决入境旅居者的住房、就医、子女教育等便利化问题。

（二）旅游服务惠民化

世界级旅游度假区能为旅游者、旅居者和本地居民提供充足的公共休闲空间，实现城乡公园、博物馆、纪念馆、全国爱国主义教育基地、公共体育场馆等向公众免费开放，旅游志愿服务发展水平较高。

世界级旅游度假区应健全无障碍旅游设施，旅游区域能满足无障碍旅游需求，旅游厕所的建设管理水平较高，旅游区域实现无线网络全覆盖，旅游度假区能开展精准气象服务。

（三）入境旅游便利化

世界级旅游度假区能对接国际旅游市场规则和通行标准，推出更便利的入境旅游措施。为入境旅居者、医疗旅游者申请签证提供便利。优化外国人过境144小时免签政策，放宽过境人员活动范围限制。

世界级旅游度假区可以在部分重点口岸签发个人旅游签证，加强入境旅游便利政策宣传，在入境口岸增设旅游宣传服务。

（四）服务环境国际化

世界级旅游度假区应发挥对外展现中国形象重要窗口的作用，加快建设国际化的公共服务环境。完善多语种旅游指南、交通地图、旅游应用软件、中英文标识标牌，推行多语种菜单，实现公共交通英语报站全覆盖。建设和配置多语种网站、指引标识牌、自助导览器、智能语言翻译机。实施旅游咨询及服务国际化提升工程，完善报警、医疗保障、旅游投诉、紧急救援、外币兑换等多语种服务。

三、完善智慧型的基础设施

世界级旅游度假区应实现文化和旅游基础设施共建共享。交通与旅游融合发展，交通网实现"快进慢游"功能。应建成智慧型旅游度假区。

（一）文旅设施共建共享

世界级旅游度假区应实现文化和旅游综合公共服务设施共建。通过参考公共文化服务体系示范区、国家级旅游度假区、全域旅游示范区标准，探索建设体系完善、主客共享的文化和旅游综合公共服务设施。

世界级旅游度假区应实现文化和旅游公共服务活动共享。鼓励文化公益惠民服务活动服务旅游者。拓展公共文化服务配送范围，推动公共图书、文化活动、公益演出进入景区。推动市民文化活动向旅游者开展延伸服务。

（二）交通旅游融合发展

世界级旅游度假区应实现交通与旅游融合发展。强化交通网"快进慢游"功能，加强交通干线与旅游度假区衔接。完善公路沿线、服务区、客运枢纽等旅游服务设施功能，支持红色旅游、乡村旅游、度假休闲旅游、自驾游等相关交通基础设施建设，推进通用航空与旅游融合发展。

世界级旅游度假区应健全旅游度假区的交通集散体系，鼓励发展定制化旅游运输服务，形成交通带动旅游、旅游促进交通发展的良性互动格局。

（三）智慧旅游发展

世界级旅游度假区应建成智慧型旅游度假区。对接智慧城市平台，通过移动应用端实时汇集和发布各类旅游和生活信息，满足旅游者和本地居民的全场景、全过程信息服务需求，实现一部手机智慧服务。

世界级旅游度假区应完善旅游和生活信息管理与发布平台，建立大数据联合创新实验室，整合设施、产品、服务、监管等信息数据，提升行业管理和服务能力。增强智能旅游度假体验感，以需求为导向，深化导览、导航、支付、快速分享等领域的移动应用服务和智能服务。加大旅游度假场景智能化创新和应用力度。

四、形成绿色旅游发展模式

世界级旅游度假区应形成绿色发展模式。紧守生态保护红线，合理利用生态资源，形成绿色生产服务方式和绿色旅游度假模式，实现住宿、交通等领域的共享旅游经济发展。

（一）绿色生产生活方式

世界级旅游度假区应推动形成绿色生产生活方式，将旅游度假区建成绿色发展典范。坚持"绿色、循环、低碳"理念，建立产业准入负面清单制度，全面禁止高能耗、高污染、高排放产业和低端制造业发展，推动现有旅游产业向智能化和绿色化转变，加快构建绿色产业体系。

（二）绿色旅游度假模式

世界级旅游度假区应全面提高能源资源利用效率，实施能源消费总量和碳排放总量及强度双控行动。大力推进产业、能源和交通运输结构绿色低碳转型。大幅提高可再生能源比重。

世界级旅游度假区应大力推广循环经济，使用全生物降解、清洁能源装备等生态环保技术。实施用水总量和强度双控行动，加快推进建设节水型社会，提高水资源利用效率和效益。

世界级旅游度假区应开展系列绿色创建活动。加快推广新能源汽车，提倡绿色出行，提高公共交通机动化出行分担率。推进装配式建筑发展。

（三）共享经济发展模式

世界级旅游度假区应探索共享经济发展新模式。建立闲置房屋盘活利用机制，鼓励发展度假民宿、康养民宿等新型租赁业态。在交通、医疗、养老、旅游、度假等领域开展共享经济示范。

世界级旅游度假区应逐步禁止在世界级旅游度假区生产、销售和使用一次性不可降解塑料袋、塑料餐具，加快推进快递业绿色包装应用。

第三节 世界级旅游知名度

一、具有多元化的客源市场

世界级旅游度假区应具有多元化的客源市场，入境旅游者和跨省域旅游者占有较大比重。世界级旅游度假区应提供多样化的旅游产品，短期度假游和长期旅居游占有较大比重。在全世界有较高的旅游知晓度和美誉度，并具有较高的游客总体满意度。

（一）客源结构

世界级旅游度假区应具有多元化的客源市场，同时服务于本地居民、国内旅游者、入境旅游者。其中，入境旅游者、跨省（市、区）的国内旅游者占有较大比重。

（二）停留时间

世界级旅游度假区应提供多样化的旅游产品，包括一日游、过夜游、短期度假游、长期旅居游等类型。其中，短期度假游和长期旅居游占有较大比重。

（三）市场影响力

世界级旅游度假区应具有较强的旅游营销和对外传播能力，在全世界有较高的旅游知晓度和美誉度。世界级旅游度假区的品牌形象凝练、价值层次清晰，旅游产业要素、产品品牌、目的地等具有国际品牌知名度。

（四）游客满意度

世界级旅游度假区应具有较高的游客总体满意度，国内外游客对于旅游产业体系、旅游公共服务、旅游价格水平等总体满意，旅游重游率较高、旅游投诉率较低。能够科学监测旅游服务质量、游客满意程度并及时进行改进提升。

二、建立多元化的对外交流平台

世界级旅游度假区应具有多元化的官方和民间对外交流平台，能够通过旅游形象标识系统、目的地营销系统、对外文化交流活动等来提升

第二章　新时代旅游景区发展愿景

全球影响力。应与联合国开发计划署、世界旅游组织、联合国教科文组织、世界旅游业理事会、世界旅游联盟等国际组织紧密合作，搭建国际化、跨领域的旅游度假区交流合作平台。

（一）对外交流平台

世界级旅游度假区应具有多元化的对外交流平台。充分发挥驻外旅游办事处、海外中国文化中心、孔子学院等海外机构的平台作用，推介世界级旅游度假区。依托各类平台讲述中国故事、传播中国声音，展示中国形象。依托海外有影响力的传统媒体和新媒体平台，创新旅游度假区对外宣传推广新格局。

世界级旅游度假区应具有多元化的民间交往渠道。健全专业化、市场化、国际化的海外市场营销机制，创新产品和服务，增强世界级旅游度假区的国际吸引力。发挥好文图博等文化艺术机构在传播文化中的作用，引导世界级旅游度假区的旅游者、旅居者、本地居民成为中国故事的生动讲述者、自觉传播者。

（二）全球影响力

世界级旅游度假区应建立文字、图片、音频、视频等构成的旅游形象标识系统。构建覆盖全媒体、宽渠道的旅游推广营销网络，充分利用中外主流媒体、网络媒体、新兴媒体、影视作品等载体，积极依托国际展会、节事、论坛等平台，全方位、立体化宣传展示世界级旅游度假区形象。借助国际行业组织、驻外办事机构、海外推广机构、境外友好城市和国际旅游企业集团，策划举办旅游度假区系列主题推广活动，加强国际旅游合作与交流。制定实施全球市场营销计划，面向境外旅行商和当地公众开展精准营销，进一步拓展入境旅游市场。

（三）国际组织合作

世界级旅游度假区应加强与联合国开发计划署、世界旅游组织、联合国教科文组织、世界旅游业理事会等国际组织合作，搭建国际化、跨领域的旅游度假区交流合作平台。打造中外智库高端对话交流机制，推动中外智库合作研究，积极参与国际学术组织和国际科学计划，深入参与全球度假区管理研究和政策规划。

第四节　世界级旅游产业经济

一、具有强劲的企业创新能力

世界级旅游度假区应有较强的人才队伍，依托大数据和高端智库提升科学决策能力。有公平便利的营商环境，在投融资和旅游用地等方面有充足的要素投入。建立起绿色可持续发展模式。具有多元化的对外交流平台来提升全球影响力。

（一）人才队伍

世界级旅游度假区应加大人才引进力度，加强旅游人才队伍建设，形成旅游领军人才、旅游创意人才、旅游经营管理人才、旅游服务人才等队伍，打造旅游人才高地。

世界级旅游度假区应提升国际人才发展水平，探索建立与国际接轨的全球人才招聘制度和吸引外国高技术人才的管理制度，为在世界级旅游度假区工作和创业的外国人才提供出入境、居留和永久居留便利。

（二）高端智库

世界级旅游度假区应加强与权威的科研机构、社会组织和国际组织合作，增强战略研究和决策咨询能力，提升在全球旅游度假市场的影响力和话语权。

（三）科学决策

世界级旅游度假区应建设旅游大数据平台，建立覆盖旅游者、旅居者和本地居民的旅游动态数据收集分析系统，建立旅游监测预警报告机制，建立旅游知名度和游客满意度调查和评价机制。

世界级旅游度假区应综合运用第三方评估、社会监督评价等方式，科学研究旅游度假区发展演变、客源市场结构、旅游者行为规律、旅游发展质量和效益、国民经济和社会发展综合贡献，为高质量发展提供数据支撑和决策依据。

二、营造公平便利的营商环境

世界级旅游度假区应具有公平便利的旅游营商环境，在金融财税、旅游用地等产业要素方面建立起发展支持体系。

（一）营商环境

世界级旅游度假区应开展营商环境评价，在开办企业、办理施工许可证、获得电力、登记财产、获得信贷、保护少数投资者、纳税、跨境贸易、执行合同和办理破产等方面加大改革力度。

世界级旅游度假区应深化"放管服"改革，持续推进"证照分离"和"多证合一"改革，实现在旅行社、导游管理和旅游服务领域，减环节、减证明、减时间、减跑动次数，有效降低企业制度性交易成本。

世界级旅游度假区应完善旅游政策体系，严格规范旅游执法，对新技术、新业态、新模式实施包容审慎监管，提高依法治旅、依法兴旅水平。

（二）金融财税

世界级旅游度假区应具有较大投资规模和较强投资能力，建立财政支持、社会融资和政府担保的金融支持体系，创新旅游投融资机制，整合多元投资平台，拓展旅游度假企业融资渠道。

世界级旅游度假区应充分发挥各级政府旅游发展专项资金引导和带动作用，加大对基础设施建设、旅游形象推广、旅游产品创意创新、入境旅游市场促进等扶持力度，积极吸引社会资本参与投资。按照国家有关规定，落实对世界级旅游度假区企业的税收优惠政策。

（三）旅游用地

世界级旅游度假区在编制和调整国土空间规划、水功能区划时，应充分考虑世界级旅游度假区发展需要，优先保障旅游重点项目用地。在不改变用地主体、规划条件的前提下，市场主体利用旧厂房、仓库提供符合旅游度假区发展需要的旅游服务的，可执行继续按照原用途和土地权利类型使用土地的过渡期政策。农村集体经济组织可依法使用建设用地自办或以土地使用权、联营等方式，开办旅游企业。探索农用地旅游业复合利用，对乡村旅游项目及服务设施符合相关规划的，可实行"点状"供地。

三、形成国际接轨的管理机制

世界级旅游度假区应具有完善的组织领导体制，形成推动建设的领导合力。建立包括本地居民、旅游者、旅居者在内的共建共治共享社治理制度。管理体制逐步与国际通行规则相衔接。建立起旅游服务质量保障和旅游安全管理体系。

(一) 社会治理制度

世界级旅游度假区应完善共建共治共享的社会治理制度,建设包括本地居民、旅游者、旅居者在内人人有责、人人尽责、人人享有的社会治理共同体。充分发挥社区在旅游度假区社会治理中的重要作用,作为传统旅游管理模式的重要补充。

世界级旅游度假区应深入研究长期旅居者的旅游休闲行为特征,健全社区管理和服务机制,提高精准化精细化服务管理能力,推动就业社保、养老托育、扶残助残、医疗卫生、家政服务、物流商超、治安执法、纠纷调处、心理援助等便民服务场景有机集成和精准对接。

(二) 管理水平国际化

世界级旅游度假区应系统提升旅游设施和旅游要素的国际化、标准化、信息化水平,逐步建立与国际通行规则相衔接的管理体制。鼓励相关企业开展国际标准化组织(ISO)质量和环境管理体系认证,提升世界级旅游度假区的整体管理水平。

(三) 旅游服务质量

世界级旅游度假区应健全旅游服务的标准体系、监管体系、诚信体系、投诉体系,建立企业信誉等级评价、重大信息公告、消费投诉信息和违规记录公示制度。严厉打击扰乱旅游市场秩序的违法违规行为,完善旅游纠纷调解机制,切实维护旅游者合法权益。

(四) 旅游安全管理

世界级旅游度假区应提升和优化安全管理水平。牢牢把握意识形态的领导权、主动权、话语权，落实意识形态工作责任制。完善安全生产工作机制，加大对旅游度假区内剧场、涉外演出、驻场演出、景区景点等重点区域的隐患排查治理，提升安全监管水平。

世界级旅游度假区应提高旅游安全精准动态监测预测预警水平，实现旅游安全相关信息的系统整合、精准推送，提升公共卫生、自然灾害、事故灾难、社会安全等突发公共事件应急处置能力。

第三章

老君山景区发展经验总结

第一节 老君山景区发展历史过程

一、老君山景区总体发展原则

老君山景区全体干部职工艰苦创业、顽强拼搏,在进取中突破,于挫折中奋起,从总结中提高,取得了辉煌的发展成就。在2007年8月以来的发展历程中,老君山景区坚持了以下十大发展原则。

(一) 坚持党的领导

中国共产党是领导我们事业的核心力量。中国人民和中华民族之所以能够扭转近代以后的历史命运、取得今天的伟大成就,最根本的是有中国共产党的坚强领导。没有中国共产党,就没有新中国,就没有中华民族伟大复兴。

老君山景区在发展历程中,坚持加强党的全面领导,全面推进党的政治建设、思想建设、组织建设、作风建设、纪律建设,把制度建设贯穿其中,把党建工作落实到老君山文化和旅游发展各领域各方面各环节,充分发挥党员的先锋模范作用和党组织的战斗堡垒作用,激励广大党员和党组织不忘初心、牢记使命,使党组织始终成为风雨来袭时老君山景区最可靠的主心骨,确保老君山文化事业发展的正确方向,确保老君山景区拥有团结奋斗的强大政治凝聚力、发展自信心,积蓄起了老君山发展万众一心、共克时艰的磅礴力量。

(二) 坚持游客至上

老君山景区在发展历程中,坚持以游客为中心的发展理念。切实维护游客的重要权益,积极增进旅游体验,提高游客满意度,实现发展依靠游客、发展为了游客、发展成果由游客共享,让老君山景区建设成果更多惠及广大游客。

老君山景区积极提升旅游服务质量,以个性化服务、标准化服务、智慧化服务、适老化服务、无障碍环境等发展为工作抓手,争取让每一位游客高兴而来、满意而归。从"不让一位游客在景区受委屈"到"人人都是旅游环境",再到"感动每一位游客",不断提高游客满意度。老君山景区员工以"做一名合格称职的光荣优秀的老君山人"的主人翁精神,树立起了高度责任感和优质服务意识,争取为广大游客提供细致、贴心的旅游服务。

(三) 坚持自信自立

独立自主是中华民族精神之魂,是老君山景区发展的重要原则,也是老君山景区发展历程中得出的重要结论。

老君山景区主要领导早年从事农业农村工作和工矿业经营,对于文化和旅游产业的发展并不熟悉。因此,老君山景区在发展初期经历了迷茫混沌、考察探索、照搬借鉴等阶段。老君山景区曾经从外部聘请了三届管理运营团队，最终结果都不尽如人意。实践证明，老君山景区不可能通过依赖外部力量、照搬其他景区模式、跟在他人后面亦步亦趋实现强大和振兴。那样做的结果，不是必然遭遇失败，就是必然成为他人的附庸。老君山景区发展必须基于自己力量，既虚心学习借鉴国内外著名景区的成功经验，又坚定自信心和自主创业就精神，从老君山景区实际情况出发，探索符合时代要求和客观规律的老君山景区发展道路，丰富我国旅游景区高质量发展理论成果。

（四）坚持斗争精神

老君山在2007年尚未获评A级旅游景区，年收入不足30万元，国有资产仅为1300万元（郑旺盛、张记，2022）。2023年老君山已经是国家5A级旅游景区，1~8月已入园280万人次，旅游收入已达6.33亿元，预计2023年旅游收入将突破8亿元（老君山文旅集团，2023a）。经过十六年的快速发展，老君山已经成为我国旅游景区跨越式发展的优秀案例。

坚持敢于斗争、敢于胜利，是老君山景区发展的强大精神力量。老君山景区发展取得的一切成就，不是天上掉下来的，也不是别人恩赐的，而是通过不断斗争取得的。老君山景区在发展过程中曾经面临艰难险阻和严峻挑战，但老君山干部职工发扬绝不畏惧、决不退缩、百折不挠的精神，抓住了旅游业高质量发展的历史机遇，战胜了前进道路上的诸多困难和挑战，依靠顽强斗争打开了旅游事业发展的新天地。

（五）坚持开拓创新

文化和旅游事业是极具创新性的伟大事业，既充满艰难险阻，又需要开拓创新。老君山景区干部职工披荆斩棘、奋力开拓、锐意进取，不断推进思路创新、实践创新、体制创新和文化创新，敢为栾川之先，走出了前人没有走出的发展道路，创造出了令人刮目相看的旅游奇迹。

老君山景区的发展，既不是简单延续我国历史文化的母版，也不是国内外成熟文化景区的翻版，而是结合新的旅情不断推进旅游理论创新、善于用新的旅游理论指导新的旅游实践的动态过程。

老君山景区把旅游发展基本原理同老君山具体实际相结合、同道教优秀传统文化相结合，勇于推进改革，准确识变、科学应变、主动求变，坚持一切从实际出发，推行了常态化的学习制度，总结出了"高层决策、业务细化、区域管理、责任到人" 16字创新管理模式，制定了切合老君山实际的考核述评制度、区域管理制度、选拔任用制度，积极应用抖音、快手、小红书等移动互联网平台，摸索出了依托新媒体的营销推广模式，成立了荟聚旅游创新业态的实业公司，不断推进老君山景区的创新性发展。

（六）坚持自我革命

勇于自我革命是老君山景区保持快速的强大支撑。老君山文旅集团领导在历年的工作会议上敏锐地指出，随着全国的全域旅游、文旅融合等战略推进，国内旅游市场竞争进入白热化阶段，到了重新洗牌定位、优胜劣汰的关键期。老君山景区还处于"吃、住、行、游、购、娱"传统六要素发展完善阶段，"商、养、学、闲、情、奇"等旅游新要素尚不健全，旅游品牌形象、综合竞争力、文明程度与国内外知名景区相比仍有相当差距。特别是沉浸式体验、"互联网+旅游"已成现代旅游的突出特征，老君山如果不奋起直追就面临被时代淘汰的风险。在此背景下，老君山景区勇于自我革命、持续推进发展创新实施景观、营销、管理、文化的全面创新战略，组织学习《"十四五"旅游业发展规划》等国家战略文件，要求所有员工要有创新意识、各部门要落实创新举措，给游客一个全新的外部环境和精神世界，确保老君山旅游常鲜常新、永葆活力、持续发展。

（七）坚持统一战线

老君山景区坚持大团结大联合，团结一切可以团结的力量，调动一切可以调动的积极因素，促进政府和企业关系、干部和职工关系、景区和城市关系、企业和社区关系、合作伙伴间关系的和谐，最大限度凝聚起为老君山事业共同奋斗的力量，形成栾川县全社会共建共享老君山景区发展的磅礴动力。

老君山景区秉承互利共赢是基础，利益一致是前提，重诚守信是基石的原则。在过去十五年的发展历程中，老君山景区形成了以"一梁四柱"为核心的领导班子，发展了有40多名党员的党员队伍，聚集了300多位心系老君山发展、扎根老君山事业的职工团队，积累了老君山跨越式发展的宝贵人力资本。老君山景区的发展，离不开十几年精诚合作的多支建筑施工队、乐游公司、广告商、导游队伍、旅行社的支持和配合。老君山景区还有效实现了与鸡冠洞等兄弟景区协同发展，有效团结了周边七里坪村、方村、寨沟村的所有村民，共同为老君山发展做出贡献，共同收获老君山发展果实，实现了旅游景区和村民社区的共同发展。

（八）坚持共同富裕

据老君山文旅集团测算，2023年1~8月老君山共接待了280万人次游客，给老君山文旅集团带来了6.33亿元的主营收入（以门票和索道收入为主体），但如果加上民宿、餐饮、购物等相关企业和个体工商户的旅游收入，1~8月老君山旅游共创造了30.39亿元的综合旅游收入，带动了县域旅游经济快速发展（老君山文旅集团，2023a）。

绿水青山，就是金山银山。老君山的发展历程和沧桑巨变，从一座名不见经传的青山真正地变成了一座金山。这座金山造福了一方百姓脱贫致富，带动了一方经济的转型升级，带活了一座县城可持续发展。

老君山景区在发展过程中，不忘带动周边村民共同富裕。景区主动让出餐饮、购物、民宿等旅游业态让周边村民经营，考虑到村民的实际困难，还为村民预借经营资金、提供生产资料和经营用房，帮助周边村民脱贫致富，践行了共同富裕、推进了乡村振兴。老君山没有延续传统旅游景区"大而全"的发展思路，而是依托县城的大规模住宿设施，实现了景城联动发展，推进了栾川县的经济转型升级和可持续发展。

（九）坚持居安思危

老君山景区的发展坚持居安思危、坚持统筹发展和安全，把安全发展贯穿老君山发展各领域和全过程，防范和化解影响老君山发展进程的各种风险，筑牢企业安全屏障。

老君山景区领导班子提出，创业难守业更难，要常怀居安思危的危机意识。现在旅游产业已经进入高质量发展阶段，旅游市场竞争激烈、低水平重复竞争现象严重，部分普通景区面临被时代和市场淘汰的风险。

老君山景区因此提出了"稳提升、稳发展、保收入、保安全"的两稳两保方针，提出了"可持续发展、居安思危"的新观念。"可持续发展、居安思危"是建立在"两稳两保"基础上的，没有两稳两保的基础，没有克服极端激进的耐力，可持续发展只是一句空谈。老君山景区经历了十六年的快节奏发展，已经进入了第二个发展历史阶段，不能在过去的荣誉光环、社会赞美中迷失自我和方向。只有敲响居安思危的警钟，打好两稳两保的基础，景区的可持续发展才有保证，职工的收入才有保证，企业也才能在激烈的旅游市场竞争中立于不败之地。

（十）坚持绿色发展

大自然是人类赖以生存发展的基本条件。尊重自然、顺应自然、保护自然，是旅游景区高质量发展的内在要求。旅游产业必须牢固树立和践行绿水青山就是金山银山的理念，站在人与自然和谐共生的高度谋划发展。

老君山景区在过去十六年的发展历程中，坚持"绿水青山就是金山银山"理念,积极推动绿色发展、推进美丽中国建设、促进人与自然和谐共生。在景区的旅游项目和基础设施的建设过程中,尊重自然、顺应自然、保护自然,坚持节约优先、保护优先、自然恢复为主,实施可持续发展战略,在推动旅游景区发展全面绿色转型方面探索出了新的模式。

二、老君山景区规划设计思路

在过去十六年的发展历程中,老君山非常重视旅游景区的高标准规划设计工作,聘请了上海同济城市规划设计研究院、清华大学古建研究院等机构承担了景区的总体发展规划、控制性详细规划、修建性详细规划、项目建筑设计等工作,为建成国内一流的高等级旅游景区奠定了坚实基础。以下将简要回顾老君山景区十六年以来规划设计思路的发展演进过程:

(一)第一阶段:建设国家级风景名胜区

2008年12月,老君山景区聘请上海同济城市规划设计研究院编制了《河南省洛阳市老君山风景名胜区总体规划》(栾川县人民政府,2008)。

1. 规划目的

洛阳市老君山—鸡冠洞风景名胜区是河南省1994年正式批准公布的省级风景名胜区。随着伏牛山—老君山旅游开发的日益推进,亟须依据风景名胜区条例和规划规范的规定与要求编制相关风景名胜区规划,以有效保护和合理利用老君山的风景名胜资源。因此,针对老君山地区编制了《河南省洛阳市老君山风景名胜区总体规划》,作为老君山—鸡冠洞风景名胜区的分区规划。

2. 规划范围

规划的空间范围位于伏牛山自然保护区核心区之外,具体范围为南至石林，东至朝阳洞外东侧第一山脊线，北至同河口，西至追梦谷西侧第一山脊线，总面积9.97平方千米。

3. 空间布局

规划的空间布局可用"三线三片"来概括，指游览区规划东西向分布的三条游览环线（道路），将整个游览区划分为山下、山间、山上三片，从而构成山下服务接待、山间游览休憩、山上自然观光的结构功能布局。根据总体布局，老君山游览区可以划分为综合服务区、老子文化园区、休闲度假区、风景游览区、风景保育区和生态保护区六个分区。

4. 主要功能

依托峰林地貌景观特征与老子文化内涵，观光览胜、科普考察与文化探源是老君山风景名胜区的主要功能，游憩娱乐、审美与欣赏、认识求知、休养保健、启迪寓教等是老君山风景名胜区的次要功能。

5. 发展目标

老君山的风景资源特征与历史文化内涵具备成为国家级风景名胜区的资源禀赋和景观特质。至2025年，将老君山建成集观光游览、文化体验等于一体的国内著名风景名胜（游览）区。近期，景区旅游业净利润五年可达到2500余万元。到远期，老君山游览区的年游客量预测稳定在75万~85万人（栾川县人民政府，2008）。

6. 规划评价

《河南省洛阳市老君山风景名胜区总体规划》（以下简称《规划》）对老君山的自然资源与文化资源品质进行了科学评价，认为老君山具备成为国家级风景名胜区的潜质。在此基础上，通过科学的总体功能分区、基础设施规划、旅游项目策划，重点解决了老君山风景名胜区的基础设施建设、旅游要素配套和交通可进入性等问题，同时兼顾了生态环境保护、土地集约利用等目标，为老君山建成高等级的观光型旅游景区奠定了设施基础、营造了空间格局。

《规划》将老君山的主要功能定位为依托峰林地貌景观和老子文化内涵的观光游览，老君山风景名胜区的交通设施、旅游设施、旅游要素等都围绕着这个定位来规划设计。《规划》聚焦于建设展览展示性的文化景观项目，对于老子文化的活态传承和沉浸式体验涉及不多。《规划》以开发一日游、过夜游等短期旅游产品为主，对于开发度假、康养、旅居等长居式旅游产品涉及不多。《规划》研究了传统旅游六要素，以开发传统的观光旅游产品为主，对于"旅游+"的新业态和"+旅游"产业融合涉及不多。《规划》重点研究老君山风景名胜区内部，虽然提出了"区内游、区外住"的保护理念，但并未充分考虑景城融合发展，也未考虑依托老君山的旅游目的地建设。

（二）第二阶段：提升5A级旅游景区

2013年10月，老君山景区聘请专业机构编制了《老君山旅游休闲度假区资源评价报告》（老君山文旅集团，2013）。

1. 战略定位

依托老君山独特的山水景观、生态气象，确立风景区生态旅游的形象定位，变单一的大众旅游为以生态旅游为主的旅游，将生态旅游做到成熟、极致，向休闲度假延伸。

第一步打造伏牛山生态旅游目的地，第二步打造全国著名山地度假胜地，第三步打造世界知名、国内一流的休闲度假目的地。

2. 空间布局

规划的空间范围总面积 140 平方千米。规划的空间布局为"一中心两组团六集群"（老君山文旅集团，2013）。图 3-1 为《老君山旅游休闲度假区资源评价报告》空间布局。

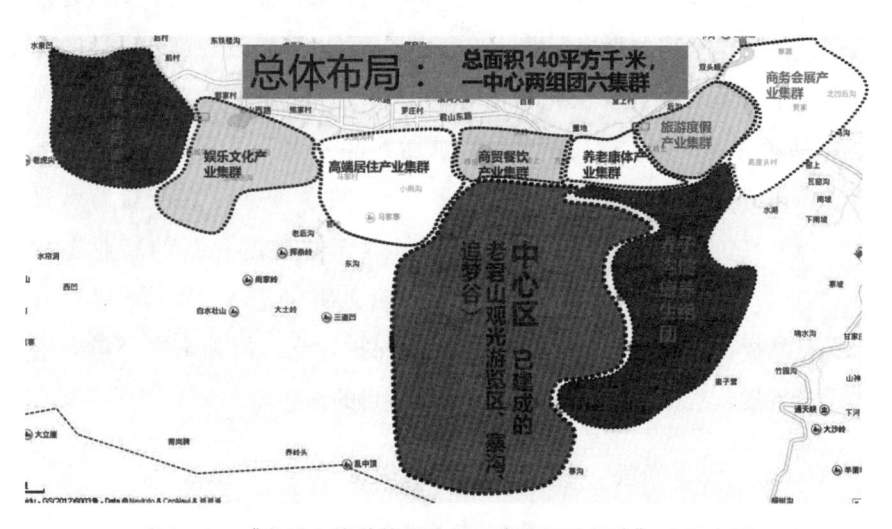

图 3-1　《老君山旅游休闲度假区资源评价报告》空间布局

资料来源：老君山文旅集团. 老君山旅游休闲度假区资源评价报告 [R]. 洛阳：河南省老君山文化旅游集团有限公司，2013.

一中心就是中心区，包括老君山观光游览区、寨沟、追梦谷，总面积 37.5 平方千米。主要功能为观光游览、综合服务、文化体验、健身休憩、乡土休闲。

两组团分别为养子沟健康养生组团，鸡冠洞休闲娱乐组团。养子沟健康养生组团总面积 36 平方千米，突出"养生、养老、养天下"主题定位，重点开发山水养生、森林养眼、文化养神、运动养性、教育养成等养生养老生活方式。鸡冠洞休闲娱乐组团总面积 15.3 平方千米，依托国家 5A 级景区鸡冠洞，突破传统的溶洞观光旅游模式，打造休闲度假高地，建设大型旅游综合体。

六集群沿鸾州大道布局，自东向西依次为商务会展产业集群、旅游度假产业集群、养老康体产业集群、商贸和餐饮产业集群、高端居住产业集群、娱乐文化产业集群。

3. 发展目标

老君山做成六个产业集群，打造世界知名、国内一流的休闲度假目的地。到2020年，年接待游客量达到500万人次，人均消费1000元，实现景区直接收入10亿元，旅游总收入50亿元（老君山文旅集团，2013）。

4. 规划评价

2012年，老君山景区已成功创建国家5A级旅游景区。《老君山旅游休闲度假区资源评价报告》在老君山省级风景名胜区、国家5A级旅游景区基础上，进一步谋划了生态旅游目的地、休闲度假目的地的发展问题，有利于老君山从单一的观光旅游产品向生态旅游、度假旅游等"旅游+"产品体系转变。同时，《老君山旅游休闲度假区资源评价报告》提出了建设世界知名旅游目的地的长远发展目标，在老君山已有的国家5A级旅游景区、将创建的国家级风景名胜区等基础上是一个质的飞跃。

《老君山旅游休闲度假区资源评价报告》体现了景城融合的发展理念，提出了"一中心两组团六集群"的空间布局，纳入了鸡冠洞、养子沟、鸾州大道沿线等区域，将老君山的规划范围从省级风景名胜区的9.97平方千米拓展到了140平方千米（老君山文旅集团，2013）。

根据旅游产业发展一般规律，旅游景区在创建成功高等级景区后会进一步向旅游目的地拓展、辐射。《老君山旅游休闲度假区资源评价报告》在老君山创建成功国家5A级旅游景区之际，提出了打造世界知名、国内一流的休闲度假目的地的目标，顺应了旅游景区的发展趋势，具有较强的前瞻性。

但是,《老君山旅游休闲度假区资源评价报告》提出2020年老君山景区游客接待量达到500万人次、景区直接收入10亿元、旅游总收入50亿元的目标过于乐观,与旅游景区的现实发展轨迹脱节严重(老君山文旅集团,2013)。

(三)第三阶段:创建国家级旅游度假区

2019年8月,老君山景区聘请上海同济城市规划设计研究院有限公司编制了《河南省老君山旅游度假区总体规划与重点地段详细规划》(上海同济城市规划设计研究院有限公司,2019)。

1. 战略定位

依托老君山山地景观、道教文化底蕴以及优质的自然生态环境,打造融山水观光、康体健身、文化体验于一体的国家级旅游度假区。

综合考虑老君山自身发展条件及宏观旅游发展背景,扩大老君山旅游度假区的旅游发展规模,将整个旅游度假区建设成为栾川作为"洛阳后花园"的核心品牌。

2. 空间布局

《河南省老君山旅游度假区总体规划与重点地段详细规划》空间范围总面积为25.06平方千米,包括9.97平方千米的老君山风景名胜区面积(上海同济城市规划设计研究院有限公司,2019)。

老君山旅游度假区规划范围北起鸾州大道(方皮路),南至原老君山风景名胜区和原寨沟景区的南侧边界,西至沪七选厂西侧山体自然分水岭向南接原老君山风景西边界为界,东侧以寨沟河东侧山体自然分水岭向南接原寨沟景区东边界为界。

为了增强老君山生态空间可进入性、丰富旅游产品体系、增强游客体验,新建中环步道特色游线。中环步道游线东端起始于东沟水库,经

第三章　老君山景区发展经验总结

西沟景区至追梦谷景区双石窑，全线为长 8.9 千米、宽 2~3 米、海拔约 1100 米的步行栈道。在追梦谷、寨沟滑雪场、西沟和盘山公路位置设置步道出口，通过步行、汽车等方式与地面节点进行联系。预留营地等建设空间，开发度假旅游产品。图 3-2 为《河南省老君山旅游度假区总体规划与重点地段详细规划》空间布局。

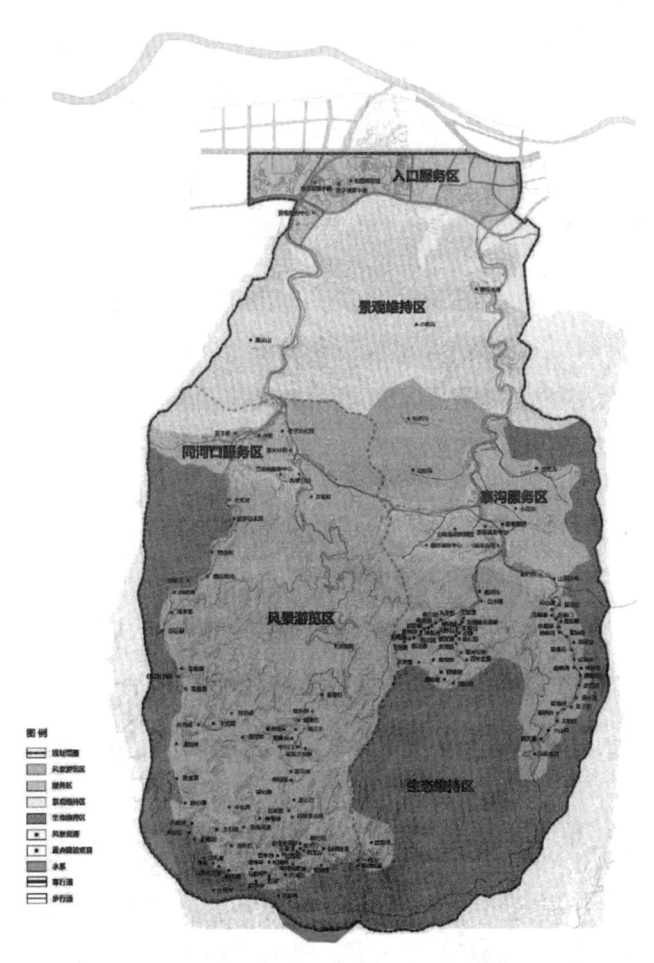

图 3-2　《河南省老君山旅游度假区总体规划与重点地段详细规划》空间布局

资料来源：上海同济城市规划设计研究院有限公司.河南省老君山旅游度假区总体规划与重点地段详细规划［R］.上海：上海同济城市规划设计研究院有限公司，2019.

3. 发展目标

从 2019 年开始，力争通过近三年的建设以及市场营销达到年游客量 100 万人次。远期具备年接待 250 万~300 万人次游客规模的发展水平（上海同济城市规划设计研究院有限公司，2019）。

老君山旅游度假区成为省内外及北方地区著名的以道家文化体验和山地运动康体为特色的国家级旅游度假区，过夜游客比例达到 6%~7%，人均旅游消费超过 1000 元（上海同济城市规划设计研究院有限公司，2019）。

4. 产品体系

《河南省老君山旅游度假区总体规划与重点地段详细规划》以营造宗教文化和园林景观，丰富特色养生餐饮、住宿、节庆活动体验，开发道家文化特色旅游商品等为主题，规划了中环线栈道、地质科普小镇、道家文化街、水街、餐饮街、寨沟山地运动体验公园、九坎公园建设、金顶建筑群（二期）、东沟水库、追梦谷水库等重点建设项目。图 3-3 为《河南省老君山旅游度假区总体规划与重点地段详细规划》产品体系。

5. 规划评价

《河南省老君山旅游度假区总体规划与重点地段详细规划》在 2008 年省级风景名胜区总体规划的基础上，进一步提出了创建国家级旅游度假区的发展目标，并将规划空间范围从 9.97 平方千米扩张到 25.06 平方千米。在 2012 年老君山已经成功创建国家 5A 级旅游景区，且景区经过 7 年的发展进一步成熟的背景下，依托国家级旅游景区创建国家旅游度假区，符合景区发展演进的一般规律。总体而言，规划提出的近期年游客量达到 100 万人次、远期年游客量达到 250 万~300 万人次的目标符合老君山景区发展实际（上海同济城市规划设计研究院有限公司，2019）。

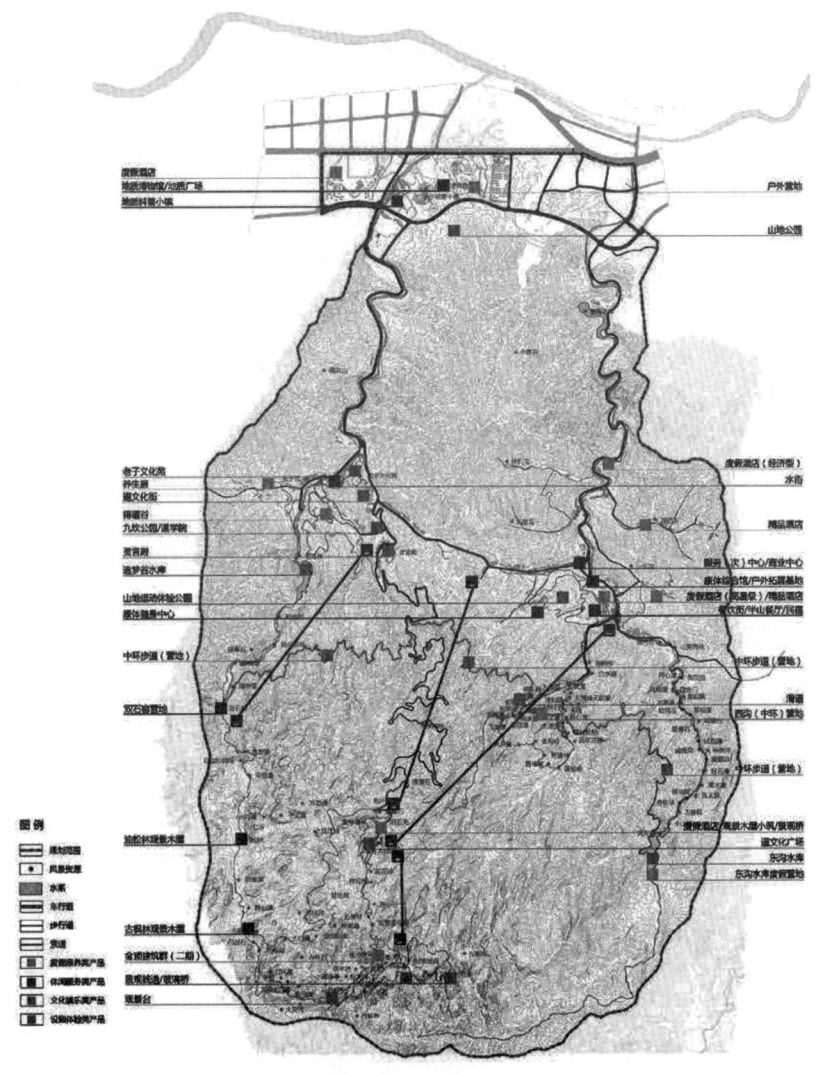

图3-3 《河南省老君山旅游度假区总体规划与重点地段详细规划》产品体系

资料来源：上海同济城市规划设计研究院有限公司. 河南省老君山旅游度假区总体规划与重点地段详细规划［R］. 上海：上海同济城市规划设计研究院有限公司，2019.

《河南省老君山旅游度假区总体规划与重点地段详细规划》在自然山水、道教文化景观等观光旅游产品基础上，提出了以特色养生和道教文化为主题的旅游产品体系，规划了地质科普小镇、道家文化街、水街、餐饮街、寨沟山地运动体验公园等重点旅游项目，进一步丰富了老君山景区的旅游产品体系。特别是规划的中环线栈道项目是最大亮点，能够有效拓展老君山的游览空间、丰富旅游产品、增强旅游体验。

但是，《河南省老君山旅游度假区总体规划与重点地段详细规划》还是沿用了传统旅游景区的规划思路，主要旅游产品集中在拓展观光旅游产品、提升"吃住行游购娱"传统旅游要素等方面，对于"旅游+"新产品和新业态策划不多，对于"+旅游"产业融合研究不足，对于现代沉浸式文化旅游产品涉足较少，也未系统规划大健康、养生、旅居、避暑、避寒等现代长居度假产品。

《河南省老君山旅游度假区总体规划与重点地段详细规划》的空间范围总面积为25.06平方千米，在老君山风景名胜区9.97平方千米的基础上有了较大程度拓展。但是，在全域旅游发展的背景下，《河南省老君山旅游度假区总体规划与重点地段详细规划》并未详细研究栾川县城的旅游功能，也未提出景城融合的发展思路。在老君山从高等级旅游景区向旅游目的地演进的过程中，旅游产品和功能缺乏城市空间载体。

（四）第四阶段：打造全域旅游目的地

2021年11月，老君山景区聘请上海同济城市规划设计研究院有限公司编制了《栾川县城—老君山景区景城一体化概念规划》（上海同济城市规划设计研究院有限公司，2021）。

1. 规划性质

《栾川县城—老君山景区景城一体化概念规划》深入研究以老君山

为龙头的南部景区提质转型与栾川县城之间融合发展，提出立足长远、控制引导与现实落地相结合的发展图景，以建设栾川县城旅游城市和老君山旅游度假区为目的。《栾川县城—老君山景区景城一体化概念规划》力求优化景区与城市建设的空间景观，提升旅游与城市相关产业的深度融合，推动旅游要素和城市公共服务设施的集聚共享，完善城市旅游服务职能。

2. 发展目标

栾川有丰富的山水旅游资源、独特的伊尹文化、老子文化，县城与景区发展关系紧密，是潜在的国家级旅游目的地。

《栾川县城—老君山景区景城一体化概念规划》提出了打造专业化旅游城市、区域旅游中心地、国家级旅游目的地的发展目标。

3. 空间布局

《栾川县城—老君山景区景城一体化概念规划》根据保护生态环境、景城融合发展的原则，提出了"一带一路、三区六心"的规划空间结构。"一带"为沿伊河在城区内形成的滨水城市活力带。"一路"为连通养子沟、寨沟、老君山、蝴蝶谷和鸡冠洞等景观区的南环路。"三区"为东部新城片区、鸡冠洞片区和中部老城区。"六心"为西城科展游娱中心、老城商贸购物中心、老君山文旅中心、城南旅游社区服务中心、新城商旅文体中心、交通集散中心。图3-4为《栾川县城—老君山景区景城一体化概念规划》空间布局。

4. 景城联动

栾川县南部自西向东依次是伏牛山滑雪场、鸡冠洞景区、蝴蝶谷景区、老君山景区、养子沟景区、龙峪湾景区等六大景区。

栾川县城自西向东可分为石庙组团、西部旅游服务组团、中部城市生活组团、东部旅游服务组团、庙子组团五大组团。

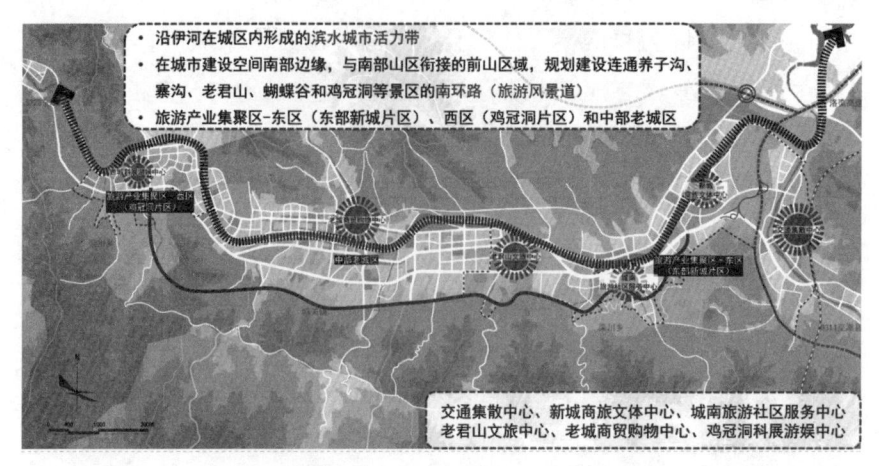

图 3-4 《栾川县城—老君山景区景城一体化概念规划》空间布局

资料来源：上海同济城市规划设计研究院有限公司. 栾川县城—老君山景区景城一体化概念规划 [R]. 上海：上海同济城市规划设计研究院有限公司，2021.

《栾川县城—老君山景区景城一体化概念规划》提出，南部六大景区未来可实现整合发展，北部城区承载旅游集散和城市旅游功能，南北景城实现空间互动和功能融合。图 3-5 为《栾川县城—老君山景区景城一体化概念规划》景城联动格局。

5. 规划评价

在全域旅游发展成为社会共识的背景下，《栾川县城—老君山景区景城一体化概念规划》提出了伏牛山景区整合发展、栾川县景城联动发展的总体思路，顺应了旅游产业的发展趋势，满足了老君山景区的空间拓展需求，有利于老君山景区在创建成功高等级旅游景区，进一步从旅游景区发展演进成为旅游目的地。

第三章 老君山景区发展经验总结

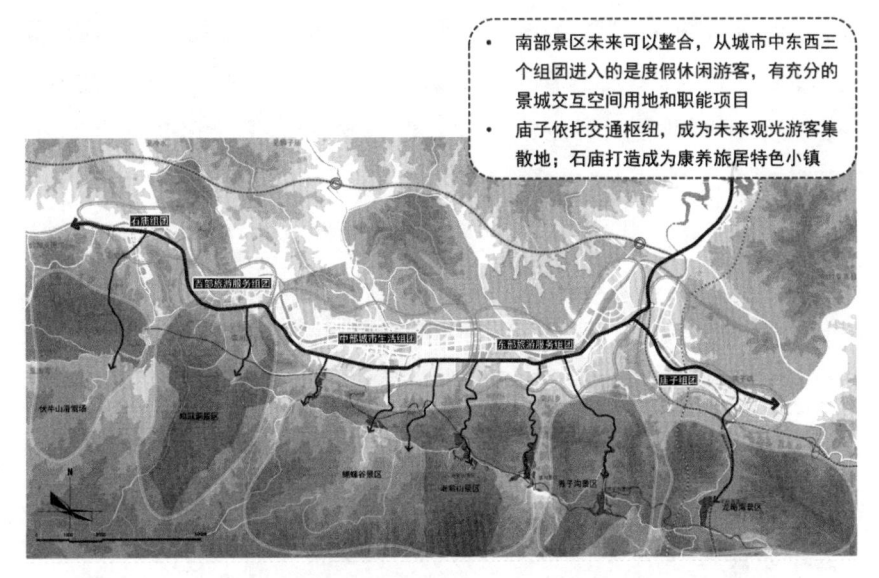

- 南部景区未来可以整合，从城市中东西三个组团进入的是度假休闲游客，有充分的景城交互空间用地和职能项目
- 庙子依托交通枢纽，成为未来观光游客集散地；石庙打造成为康养旅居特色小镇

图3-5 《栾川县城—老君山景区景城一体化概念规划》景城联动格局

资料来源：上海同济城市规划设计研究院有限公司. 栾川县城—老君山景区景城一体化概念规划 [R]. 上海：上海同济城市规划设计研究院有限公司，2021.

但是，《栾川县城—老君山景区景城一体化概念规划》主要提出了空间总体布局和景城联动格局，没有提出旅游产业要素、旅游产品体系、旅游产业融合和文化旅游融合思路。老君山的景城融合发展首先要立足于旅游功能和产业体系的融合，为游客提供无缝链接的旅游综合体验，才能够真正建成一体化的旅游目的地。

三、老君山景区艰苦创业历程

（一）创业初期

1. 历史使命

2007年8月23日召开的君山饭店会议，有栾川县四大班子、各乡

87

镇、各局委等领导出席，谷树森、黄玉国、孙欣欣、杨植森、杨海波等同志参加签约仪式，标志着县委县政府正式委托以杨植森、杨海波为首的企业家开展老君山林场改制和景区建设等工作（郑旺盛、张记，2022）。

杨植森主席提出了"以工兴旅"的发展理念，立下了"集北山之财建设秀美栾川，汇南山之灵再造二次资源"的誓言。老君山国有林场改制成为河南省老君山生态旅游开发有限公司以后，以杨海波为董事长的董事会第一时间解决了林场所有职工的安置问题，解决了林场拖欠职工长达数年的工资问题，解决了林场多年的历史债务问题。老君山的跨越式大发展的正式拉开序幕。

2. 发展基础

2007年，老君山景区共有工作人员约30人。景区内有村民约150人，以农业生产为主要经济收入来源。部分村民已经在景区内利用自有住房，提供农家宾馆住宿或餐馆等经营性服务（栾川县人民政府，2008）。

老君山景区仅有三级水泥公路21千米，通向各主要景点的人行步道32千米，以及停车场9000平方米。其中，盘山公路路陡弯急，人行步道存在路程过长、坡度太陡、缺少护栏等诸多问题（栾川县人民政府，2008）。

老君山景区内建成星级公厕2个、环保公厕8处。除追梦谷秋千园处有较为集中的休憩场地、人行步道沿线有简易休息座椅外，老君山景区内总体缺乏供游客休闲游憩的旅游设施（栾川县人民政府，2008）。

老君山景区内餐饮住宿接待设施集中于同河口入口处，建筑与场地的布局、景观缺乏专业规划设计，凌乱无序，个别宾馆、餐饮服务点甚至影响了景区的游览交通组织。从同河口至栾川游客中心道路沿线有农家宾馆30余家，共有床位数百张，也处于自由无序发展状态（栾川县人民政府，2008）。

老君山景区内有2006年10月山东泰安索道公司投资2700万元建设的老君山观光索道建成，索道自中天门到马鬃岭，全长900米（栾川县人民政府，2008）。

老君山景区内各服务点通过就近取水解决供水问题，缺少排水管道及污水处理设备。当时已架设栾川县城至同河口通信线路和电力线缆，但皆为架空电缆。

3. 自主创业

以杨植森、杨海波为首的企业家长期从事农业农村工作，擅长采矿业、制造业的经营管理，文化和旅游产业的发展对他们而言是新的课题。在经过了几轮外聘专业管理团队运营后，从老君山景区的长远发展出发，董事会坚定了走自主创业、自谋发展的决心，老君山走上了实事求是、自信自立、开拓创新的发展道路。

（二）管理体制

1. 员工队伍

老君山景区在发展历程中，培养和锻炼出一支凝聚力强、素质优秀的职工队伍。从刚开始创业时的30人到现在超过300人的职工队伍，从入职时的粗放懒散到现在以公司为家、企兴我荣的思想转化。现在，大部分职工都能熟读背诵《道德经》。300多位心系公司发展、扎根老君山旅游事业的老君山人，坚持与老君山共同成长十多年以上，真正成为推动老君山景区发展的主力军。截至2022年8月，老君山文旅集团现有职工共334人，集团公司在职285人，其中高层16人、中层管理人员36人、员工232人（老君山文旅集团，2022a）。

老君山人经过大讨论，总结出了"如何做一名合格称职的光荣优秀的老君山人"的十项条件，分别为"以山为家，心系旅游；爱岗敬业，扎根景区；荣辱与共，肝胆相照；守土有责，担当使命；忠诚进取，无私奉献；知识广博，功底深厚；求真务实，严谨细致；知难而上，追求卓越；以人为本，乐于服务；朝气蓬勃，热情达礼"，可供全国其他旅游企业参考借鉴。

老君山景区在发展历程中还培养和造就了一个思想品质好、业务素质高、责任意识强、乐于担当奉献、团结和谐的管理团队。人力资源结构实现了"老中青"三代精英团队结合，既能层级互补，又能取长补短。特别是由杨植森、张记、张央、望广发、徐雷五位同志构成的"一梁四柱"核心决策层，各有所长、相辅相成，为老君山景区的发展做出了杰出贡献。老君山在经营管理层面的人才有赵大红、杨佳厚、高红、郭海涛等几位副总经理，他们勤勉负责，敢于担当，乐于奉献，为老君山的蓬勃发展发挥了重要的作用。老君山还有李琼、潘苗、张鹏远、吴楠、谭优等年轻有为、敢于创新的人才，是老君山未来发展的后备力量。

2. 管理模式

老君山景区在发展历程中，总结和提炼出了一套切合老君山发展实际的管理模式。

2009年竹溪园会议和2014年峰林下站会议，是老君山步入良性发展的转折性会议。会议以民主生活会的方式，畅所欲言地对过去几年的发展给予了总结，找出了差距，提出了意见和建议。最终确定了三点：

（1）终身学习制度。老君山坚持学习创新的人才培养机制。打造一支高素质、懂业务、敢担当、乐奉献的老君山管理团队，是老君山实现长远可持续发展的基础，终身学习是人才成长的必备条件。通过各种途径的学习、考试，老君山的人员素质、工作能力、业务技能、责任担当等都有了较大的提升。

（2）考核竞聘制度。学习考核制度化、奖惩机制动态化、业务技能精细化、素质提升全员化等已经成为老君山长期坚持的原则和制度。老君山中高层干部的选拔聘用遵循实行个人申请、部门推荐、述职面试、审核批准等程序。

（3）企业管理制度。老君山景区在总结经验的基础上决定了实施"高层决策、业务细化、区域管理、责任到人"的管理制度。组成了金顶大区、中天门大区、寨沟大区、追梦谷大区、游客中心大区五个管理大区。按照各个大区的不同环境、特殊情况，制订了切合区域实际的管理措施，确定了区域经理，明确了责任、权利、义务。

3. 营销模式

老君山景区通过对省内外旅游市场的考察，明确了营销思路、找准了关键要害、培养了营销队伍，走出了旅游营销的自主创新之路。老君山的营销模式可以总结为游客至上、真情服务、活动导向、反季营销、弯道超车、智慧工具、产品创新等内容。十五年的实践证明了，老君山营销模式对景区的品牌提升、营销推广和产品创新是切实可行和行之有效的。

（三）重大工程

2007年以来，老君山景区完成和完善了约58平方千米范围内的旅游工程建设，其中重大工程如下所示（老君山文旅集团，2022b）：

1. 金顶道观群

老君山文旅集团投资1.47亿元修建金顶道观群（一期），于2011年5月30日动工，并于2013年9月21日竣工。金顶道观群（一期）包括老君庙、道德府、金殿、亮宝台、玉皇顶、钟鼓楼、南天门、朝阳洞、大道院、会仙桥、回廊等十多项工程以及配套设施，全部采用明清风格皇家宫殿式建筑风格。其中，三座庙观均为全铜建造，神像为锡青铜铸造。山顶所有庙宇于内坚实牢固、于外金碧辉煌，是老君山千秋万代的功德工程。

金顶道观群（二期）于2017年7月18日动工，总投资2.4亿元。恢宏气魄的藏经阁二期工程顺利竣工，标志着老君山大型工程建设基本完成。

2. 老子文化苑

老君山文旅集团投资3000多万元复建灵官殿，于2010年1月3日举行竣工大典。

老君山文旅集团投资9000万元建设老子文化苑，于2010年5月举行了开苑仪式。苑区包含老子铜圣像、《道德经》书法墙、太极和合广场、崇玄宫、阙门、钟鼓楼等20项建设工程。老子文化苑的打造，形成了老君山第一处标志性建筑，成为老君山传播老子文化的重要载体。

其中，老子铜像由360吨锡青铜铸造，通高59米，目前世界第一，创下吉尼斯世界纪录。

3. 寨沟

老君山景区收购并整合了寨沟景区，扩大了老君山原有将近一半的景区面积，增加了洞天瀑、东沟水库、白水幢等重要旅游景点，增加了35000人的游客承载能力。

寨沟景区构成了老君山"一轴两翼七大功能区"空间布局的东翼。

4. 追梦谷

老君山文旅集团投资建设蛮子营到追梦谷柏油公路、修建悟道岛、开发龙君瀑布、配置旅游娱乐设施、建设追梦谷水库、策划《君山追梦·梦幻大典》等工程。现在，追梦谷已经成为老君山的重要景点和旅游线路。追梦谷景区构成了老君山"一轴两翼七大功能区"空间布局的西翼。

5. 地质广场

2011年4月15日，栾川县政府同意老君山游客中心续建，并将地质广场移交老君山文旅集团。老君山文旅集团接收了地质广场管理使用权后，用全石块重建了高档次的地质碑，重新规划改造绿化了地质广场。高标准建设了七星办公楼，并完善提升了旅游服务和交通集散等功能。老君山游客中心总投资5000余万元，于2012年11月5日正式启用。

老君山文旅集团接收了地质博物馆烂尾工程和101亩土地。运用现代高科技声光电效果，于2021年7月1日建成运营了河南省内领先的栾川博物馆，总投资2.2亿元。

6. 公路

老君山文旅集团投资1000多万元，进行了七中路（七里坪至中天门公路）全长17千米的路面提升改造，并将道路两旁重新安装了安全防护栏，铺设了防腐木旅游路7千米。投资2000多万元，修建了灵官殿至寨沟全长2.89千米的灵寨公路和中灵隧洞。投资5000多万元，修建了方村至寨沟，全长4.5千米的方寨路。

老君山景区从东到西的环线公路已经打通，连接栾川县城、老子文华苑、追梦谷、寨沟、中天门的公路网络基本形成。

老君山景区还修建了游客中心停车场、办公区停车场、追梦谷停车场、灵官殿停车场、中灵索道停车场等29个规模不等的停车场，可容4700多辆大小车辆，基本上解决了老君山景区近期的停车问题。

7. 索道

老君山景区在发展历程中相继建成运营了中灵索道、云景索道、峰林索道，解决了每小时近 5400 人次的上山运载能力，基本形成了老君山景区每天 25000 人的正常接待和瞬时 35000 人的运送能力。

中灵索道投资 1.2 亿元，于 2009 年 3 月 26 日动工，2009 年 12 月 20 日开通运营。中灵索道采用奥地利进口设备，全长 2713 米，垂直落差 873 米，运行长度 2113.58 米，车厢容量为每箱 8 人，载客量每小时 1200 人，平均运行速度每秒 6 米，6 分钟左右可由下站行至上站。

峰林索道投资 6500 万元，于 2014 年 6 月动工，2015 年 4 月建成运营。峰林索道下站位于中天门，上站位于十里画屏，全长 1070 米，线路高差 209 米，共有 21 个吊箱，每个吊厢乘坐 8 人，最高运行速度每秒 5 米，每小时可运送游客 1500 人，三分钟从中天门可到达山顶。

云景索道总投资 2.17 亿元，采用奥地利进口设备，于 2016 年元旦动工，2017 年 3 月建成运营。云景索道下起寨沟景区，上至老君山中天门，全长 3327 米，最高落差 927 米，共有 88 组客运车厢，每车厢载客 8 人，运行速度最高为每秒 6 米，每小时可运载 2400 人，是世界先进的单线循环吊厢式索道。

8. 栈道

老君山景区投资 8000 多万元修建了舍身崖、穿云、步云、飞云四条悬空旅游栈道，总长 16100 多米，是目前国内最长的高空旅游栈道。从 2008 年 7 月穿云栈道动工，到 2017 年 5 月 19 日云景天路正式对外开放，标志着老君山山顶游览线路基本完成。

舍身崖栈道于 2008 年动工，从抱朴亭到观光索道站全长 3000 余米、宽 1.5 米，各建有玻璃观景台一处。

穿云栈道于 2008 年动工，从峰林索道上站出口，绕百草坪、一线天、千年枫树王到太白坡，全长7000余米，宽1.5米，位于海拔2200米高的老君山顶悬崖峭壁之上，连接马鬃岭，老君庙，朝阳洞等景点，是中原地区第一高环山步道，并有玻璃悬空平台两处。这条栈道全部由人工攀岩修建而成，挑梁可承载25吨压力，确保游客安全。

步云栈道于2011年动工，2013年完工，全长8000多米，宽1.5米，起点弯腰石，终点马鬃岭，为二级悬空栈道，与原来的悬空栈道相连形成环线，不仅极大地减少了游客登山的体力，而且由此增加了景点20多处，提高了游客的观景质量。

飞云栈道于2014年动工，2015年4月完工，全长800多米，宽1.5米。下起连心石，中到拴牛桩，这条栈道的修建，极大地减少了游客前往十里画屏的步行距离，让广大游客可以近距离欣赏伏牛山主峰巍峨挺拔的雄奇景色，也为科研人员调查伏牛山世界地质公园资源提供了方便。

9. 住宿

在发展历程中，老君山景区家庭宾馆迅速发展，由2007年的8家发展到2022年的120多家，而且大多数都是高端民宿，旅游接待能力高达7000人之多，加上周边景区及栾川县城，老君山旅游接待能力可达25000人左右，从根本上解决了旺季的旅游接待问题。高档民宿、高端宾馆等旅游接待设施的增加，也为老君山的接待档次、文化品位、游客体验的提升增添了浓墨重彩的一笔。

10. 设施

2019~2021年，老君山景区共投资1500万元重新规划建设了老君山西大门和寨沟新大门，两座大门古朴庄严、气势恢宏，解决了游客入园、检票、车辆出入管理等问题。

老君山景区修建了80余个等级不一的水旱公厕，增加了2100多个厕位，基本满足了日常游客量的如厕、游览、用水等功能。

老君山景区修建了规模不一的32个水池，增加了13万多立方的储水能力，修建了追梦谷水库，彻底解决了从山顶到山下所有的用水问题。

除此之外，老君山景区还投巨资修建了10座新桥，建成了两条高压线路，修建了竹溪园水坝和多条引水管道，实施了大小绿化工程百余项，建起了污水处理系统、垃圾中转系统。

（四）发展成就

1. 综合效益

老君山景区在2007年改制时资产估价仅为1300万元，经过十六年的开发建设，追加了十多亿元的巨额投资，2023年老君山景区的资产总值已达43亿元，其中国有资产已超过8亿元（老君山文旅集团，2023b）。

老君山景区2007年旅游收入不足30万元，2017年旅游收入突破1亿元，2023年1~8月旅游收入已达6.33亿元，预计2023年全年旅游收入将突破8亿元，已经实现景区经济效益的爆发式增长（老君山文旅集团，2023b）。

近年来，七里坪、方村、寨沟等村的群众，包括外来老君山的经商者，都通过老君山景区的开发建设富了起来。老君山十五年的发展历程和沧桑巨变，使得名不见经传的栾川老君山真正地成为一座金山银山。这座金山银山真正造福了栾川百姓脱贫致富、带活了栾川县城发展、带动了县域经济的发展与振兴。老君山成为"两山理论"的真实写照、名副其实的试验田、内容丰富生动的教科书。

2. 品牌荣誉

2007年8月老君山景区改制时还是未评级的旅游景区，2012年1月老君山已成功创建国家5A级旅游景区，其间仅用了4年多时间，是洛阳市的第三家国家5A级旅游景区，为洛阳市和栾川县争得了荣誉，为老君山文旅集团增添了金字招牌。

2007年以来，老君山景区获得了伏牛山世界地质公园、国家5A级旅游景区、国家级自然保护区、国家级老子文化与生态旅游标准化示范单位、全国文明旅游先进单位、国家旅游服务最佳景区、河南省风景名胜区、河南省级文物保护单位等近百项荣誉，已经成为道教文化体验胜地，国内著名、国际知名的最佳旅游目的地，全国养生休闲度假区。

（五）发展愿景

2018年以来，老君山景区提出了打造成"国内最具影响力的道教文化胜地、最具吸引力的养生度假胜地、最具亲和力的旅游目的地"的总体目标，制定了"以山水旅游为主体，深度挖掘历史传承，保护生态环境，文化深度融合旅游，实现可持续发展"的战略愿景。

董事局杨植森主席在"2018年老君山文旅集团旅游形势分析会"上提出了老君山景区未来发展的三大定位：

1. 集中优势打造旅游目的地

远离市区是老君山的硬伤，交通偏远是老君山的先天不足，旅游集散、旅游过境都不是老君山的强项。因此，打造旅游目的地才是老君山的最佳选择。通过前十年的跨越式发展，所有硬件设施基本具备规模的前提下，把进入景区的游客留宿在景区三天或两天，形成二次消费，形成新的利润增长点，是老君山要研究的新课题。

首先，要加快服务性配套设施建设，满足和方便游客对旅游新老六要素的需求。其次，要拓宽旅游产品的多样性、可参与性、可使用性，发展文化、体育、多样化和高端旅游产品。最后，要整体提高员工素质，把老君山打造成文明、礼貌的服务性景区，使老君山的游客都能感受到家庭般的温暖、朋友般的热情、邻里间的亲切。

2. 申请国家级旅游度假区

随着老龄化时代的到来，旅游度假是社会发展的一大趋势，是新时代的发展方向。老君山定位省级旅游度假区，为实现国家级旅游度假区提前做好了准备，因此，要加快上报、积极争取是当前的一项重要工作。（1）完善现有与度假产品相关的基础设施建设；（2）完善和补足与新老旅游六要素相关的服务配套产品，以适应各种不同人群需求；（3）打通和推进中环线路的实施，丰富和完善两端的配套设施和体验项目；（4）抓紧落实和推进追梦谷及小东沟两处高档次的度假别墅群的建设；（5）加速和推进家庭宾馆升级改造，对现有形成的宾馆原则以省级度假区标准规范提升达标为准。淘汰与A级景区不匹配的宾馆；（6）按照美丽乡村和新农村发展要求，规划规范景区农户的房屋建设，科学处理好污水、垃圾、污染物的排放，严禁零星私搭乱建。新建的房屋必须符合景区、政府和规划部门的相关要求。

3. 打造老子文化产业养生基地

未来要建设老子文化产业养生基地。旅游是载体、文化是灵魂。新时代中国特色社会主义条件下，人们对美好生活的追求和向往没有空白。随着全民素质的提高和生活水平的不断改善，"养生"已成为政府及社会的关键话题。要把传承五千多年的老子文化中的经典养生秘诀植入老君山文化养生项目，利用老子文化苑的独特优势，适当放大周边范围，打造成一条真正具有老子文化特色的养生食品、养生饮品、养生文化、健身养生的产品经济带，使之成为老君山文旅集团新的经济增长点，新的特色产品亮点。

第二节　老君山景区发展现状特征

一、空间布局

（一）现状特征

老君山按照区域功能划分为"一轴两翼七大功能区"，即以老君山为主线，以寨沟、追梦谷为两翼，包括游客中心综合服务区、老子文化苑体验区、金顶道观祭拜朝圣区、十里画屏精品游览区、舍身崖自然观赏区、追梦谷原始生态探险区、寨沟养生休闲度假区七大游览区。

2007年以来，老君山的美景无论是中央电视台、新华社为代表的主流媒体，还是抖音、快手为代表的新兴网络媒体的传播，无论是绘画、摄影、文学作品，还是游客出行的最佳目的地，金顶道观群都是其最终的选择和观赏地。因此，金顶道观群在老君山所有景观中具有核心价值及地位。

（二）总体评价

老君山景区的现状空间布局为"一轴两翼七大功能区"，从旅游产业功能上来看已经包括了文化景观（金顶道观群、老子文化苑）、自然观光（十里画屏）、户外运动（舍身崖）、休闲娱乐（追梦谷）、寨沟（民俗体验）等部分。

老君山作为高等级旅游景区的旅游产业功能（吃、住、行、游、购、娱、厕）已经较为健全和完善。2012年老君山已成功创建国家5A

级旅游景区，在未来的长远发展中，根据旅游业演进的一般规律，老君山的旅游产业功能会从观光游览向度假旅居、健康养生拓展，老君山的空间格局会从旅游景区向旅游度假区、旅游目的地拓展。

根据 2019 年编制的《河南省老君山旅游度假区总体规划与重点地段详细规划》（上海同济城市规划设计研究院有限公司，2019），老君山旅游度假区的面积为 25.06 平方千米，主要包括老君山风景名胜区（9.97 平方千米）和寨沟景区两大部分，并未涉及栾川县城区域。2021 年编制的《栾川县城—老君山景区景城一体化概念规划》（上海同济城市规划设计研究院有限公司，2021）虽然提出了空间总体布局和景城联动格局，但没有提出旅游产业要素、旅游产品体系、旅游产业融合和文化旅游融合思路。

在老君山从国家 5A 级旅游景区向世界级旅游度假区发展的过程中，需要有大面积的空间来承载度假旅居、健康养生等多元化功能。虽然老君山景区提出了建设"寨沟豫西民俗休闲度假区"的思路，但寨沟的有限建设用地已经基本开发完毕，仅依靠寨沟景区难以满足世界级旅游度假区发展的空间需求。2021 年编制的《栾川县城—老君山景区景城一体化概念规划》虽然提出了"景城融合"理念，但并未对世界级旅游度假区的旅游功能和产业体系进行系统谋划。老君山景区与栾川县城的互动以"景区游览、县城住宿"为主，尚未形成世界级旅游度假区"目的地＋核心度假产品群"的复杂产业格局。

因此，老君山景区在从旅游景区向旅游度假区、旅游目的地拓展的进程中，需要打破 25.06 平方千米的空间范围，拓展"一轴两翼七大功能区"的空间布局，从大伏牛山旅游引力中心的视角，纳入周边景区和栾川县城，以承载世界级旅游度假区"目的地＋核心度假产品群"的旅游产业功能。但是，老君山景区的功能拓展、空间扩张，并不一定意味着老君山景区要对所有周边地块进行收购。展望世界，没有一个世界级旅游度假区是由单一企业开发运营的，而是由具有良好竞争合作关系的企业群落构成旅游产业生态，共同提供旅游产业功能。

老君山需要以"不求所有、但求所用"的胸怀和格局，在栾川县政府的领导下，以老君山景区为核心度假产品和旅游目的地中心，对周边景区和栾川县城进行统一规划、整合，对相关旅游企业和产品业态进行培育、串联，共建共享世界级旅游度假区、世界级旅游目的地。

二、文旅融合

（一）现状特征

2007年老君山景区改制以来，一直极为重视对老君山历史文化的梳理和挖掘。董事局主席杨植森指出，要坚持文化引领发展的原则，景区文化、老子文化、道教文化、历史文化等都是景区可持续发展的灵魂，要树立文化自信、文化创新、文化提升等观念，把文化作为产业工程来打造和建设。

文化内涵提升了景区的核心吸引力和竞争力。老君山在开发建设的历程中，不断注入文化因素，把老子文化、道家文化、庙宇文化根植于景区开发和建设之中，重大工程项目都与文化紧密相连，将特色文化做成彩绘、壁画、楹联、雕刻等文化产品，把静态的文化学识、分散的文化元素、高深的文化内涵转化为游客可观可览的文化作品。老君山的重大文化工程主要集中在金顶道观群、老子文化苑、道教祭拜区、道文化广场等区域，包括老子铜圣像、《道德经》书法墙、庙宇塑像、彩绘壁画、文化墙等重点文化项目。

2007年以来，老君山景区为提高其知名度和美誉度，举办了一系列别具特色、影响深远、内涵深刻的大型文化创意活动。如：老子文化国际论坛、老子归隐老君山祭拜大典、四月八老君古庙会、观海避暑节等几十项内容丰富、形式多样的主题活动，对改善提升景区文化内涵和品牌形象起到了重要作用。2022年,融传统文化与高科技为一体的演艺项目《知道·老君山》隆重推出,项目结合沉浸技术和真人演艺,将其中抽象深邃的哲学思想具象化,将《道德经》的哲学内涵和科技打造的沉浸奇观完美呈现。

老君山人十分重视老子文化的挖掘与传播,成立了老子文化研究中心,先后与北京大学、清华大学、浙江大学联系建立老子文化研究实验基地,与洛阳、郑州等老子文化研究会联系建立老子文化研究机构,与中国辞赋学会、河南省辞赋学会联系建立老君山创作基地。2007年以来,老君山风景区共资助出版老君山老子文化相关著述与画册20多部。

(二) 总体评价

老君山既有丰富的自然资源,又有深厚的文化底蕴。以敕建老君庙为核心载体的老子思想和道家文化已传承千年,自古以来就是全国信众祭拜朝圣的中心。

在老君山建设国家5A级旅游景区的过程中,金顶道观群、老子文化苑等文化观光产品与十里画屏、舍身崖等自然景观产品的组合度好、互补性强,共同提升了老君山景区的旅游吸引力,丰富了老君山的观光游览产品体系,推动了老君山景区的跨越式发展,成为国内旅游景区文旅融合发展的典范。

但是,金顶道观、老子铜圣像、《道德经》书法墙、庙宇塑像等重大文化项目主要表现为震撼性的文化景观,游客以观光游览为主,旅游产品的重游率较低,旅游的体验性、互动性、消费性不足,游客难以形成沉浸式的文化体验。《知道·老君山》是沉浸式体验的有益尝试,未来需要在市场定位、叙事方式、产品主题等方面进一步提升。老君山在从旅游景区向旅游度假区演进的过程中,旅游者需求从观光旅游向旅居度假转变,需要依托文化资源改善旅游者体验、丰富休闲娱乐活动、完善健康养生功能、营造旅居生活氛围,让游客能够"留得下、留得住"。

要"让收藏在博物馆里的文物、陈列在广阔大地上的遗产、书写在古籍里的文字都活起来"。老君山在2007年以来的发展历程中,对老君山文化的挖掘和保护做了大量工作,花巨资建设了金顶道观、老子铜圣像等诸多震撼性文化景观,文化旅游发展具有了坚实基础。在未来的发展新征程中,老君山应重点聚焦于文化资源的"活化"工作。在老子文化、道家文化等景区主流文化的基础上,进一步挖掘栾川本地特色民俗文化。在文物保护单位、重大文化项目等有形资源保护的基础上,进一步加强非物质文化遗产的活态保护、传承利用。在文化景观观光游览的基础上,将文化内涵融入到餐饮、住宿、交通、购物、娱乐、养生等旅游产品之中,通过文化提升旅游产品价值和吸引力,营造老子文化、道家文化、民俗文化的沉浸式体验氛围。

三、产品体系

(一)现状特征

2007年以来,老君山景区以每年亿元级的资金投入、大手笔建设旅游重点项目,撬动旅游景区转型升级。截至2022年,老君山在旅游产品打造上的总投入已超20亿元(老君山文旅集团,2022c)。老君山景区还专门成立了实业公司,在景区游览主营业务之外,重点开发旅游新产品和新业态。

老君山景区内部的旅游企业以家庭宾馆和餐饮购物商户为主。目前,老君山景区内有家庭宾馆118家,餐饮购物商户156家(老君山文旅集团,2022d)。分区域旅游企业分布见表3-1。

表 3-1　　　　　2022 年老君山景区旅游企业分布　　　　单位：家

区域	家庭宾馆	餐饮购物商户
寨沟	63	93
追梦谷	33	17
游客中心	16	16
金顶	3	18
中天门	3	12
老君山合计	118	156

资料来源：老君山文旅集团．老君山景区商户分布情况［R］．洛阳：河南省老君山文化旅游集团有限公司，2022d．

近年来，老君山景区的旅游收入保持快速增长的趋势，如表 3-2 所示，从 2019 年的 18072 万元增长到 2020 年的 29689 万元，又进一步增长到 2021 年的 35642 万元，预计 2023 年旅游收入将突破 8 亿元（老君山文旅集团，2023a）。

表 3-2　　　　　老君山景区旅游收入构成　　　　单位：万元

类别	项目	2019 年	2020 年	2021 年
门票	景区门票	4896	6995	6724
	网络售票	879	3645	3802
索道	中灵索道	3772	6327	7245
	峰林索道	3206	5019	6790
	云景索道	4510	6612	10094
滑道	峰林滑道	180	209	293
	水滑	413	536	275
服务	停车	192	308	387
	导服	25	37	32
老君山	老君山	18072	29689	35642

资料来源：老君山文旅集团．老君山文旅集团历年经营数据汇编［R］．洛阳：河南省老君山文化旅游集团有限公司，2023b．

老君山景区的旅游收入可以分为门票、索道、滑道、服务四大类别，又可进一步细分为景区门票、网络售票、中灵索道、峰林索道、云景索道、峰林滑道、水滑、停车、导服九大细项，老君山旅游收入细分详见表3-2。以2021年为例，老君山景区的门票、索道、滑道、服务四大类别的旅游收入占比分别为29.5%、67.7%、1.6%和1.2%。可以看出，索道收入占到老君山景区旅游收入的2/3以上，索道和门票合计占到总收入的97.2%。顺应智慧旅游发展和新媒体营销的趋势，网络售票占门票类别的比重增长较快，从2019年的占比15.2%迅速增长到了2021年的36.1%（老君山文旅集团，2023b）。

（二）总体评价

在传统的"吃、住、行、游、购、娱"旅游六要素中。老君山的餐饮、住宿和购物等旅游产品主要由小微旅游企业在经营，老君山文旅集团并未直接经营，而是将相关的市场发展空间让利于社会。老君山景区的休闲娱乐产品体系不发达，以峰林滑道和水滑为代表的娱乐产品仅占旅游景区总收入的1.6%（老君山文旅集团，2023b）。至于旅游业与文化、研学、康养、体育、农业、会展等产业融合形成的旅游新产品和新业态，还处于有待进一步发展的状态，基于产业融合的旅游产品体系还没有形成。2021年7月栾川博物馆正式建成运营，老君山景区的研学旅行产品有了新的突破，但是栾川博物馆实现免门票公益参观政策，主要给栾川县全域旅游发展带来社会效益，给老君山文旅集团创造的旅游收入较少。

老君山景区的旅游收入呈现典型的观光型旅游景区特征，门票和索道收入占到了旅游景区总收入的97.2%（老君山文旅集团，2023b），老君山景区的旅游经济主要依靠"门票经济"。老君山从旅游景区向旅游度假区发展演进的过程，也就是老君山的产品体系从观光游览向多元化发展的过程，是旅游业与相关产业不断融合创新的过程，是从旅游

"门票经济"向"产业经济"发展的过程。

观光旅游产品具有重游率较低的特点，普通游客很少会多次重复游览同一个景点，旅游客源市场存在逐渐枯竭的风险。休闲度假产品与游客的生活习惯相结合，游客会基于兴趣爱好形成多次的偏好性重复消费。康养旅居产品则被游客看作"第二居所"，游客会将自己视作短期居民而频繁到访。

老君山的景区产品体系以观光旅游产品为主体，景区收入过度依赖"门票经济"，不利于景区形成抵御旅游客流波动的能力，也不利于景区经济形成长期可持续发展的机制，更不利于景区进一步带动全域旅游和县域经济发展。

四、客源市场

（一）现状特征

老君山景区规划接待量为3.6万人次。2017~2021年老君山景区的游客接待量分别为45万人次、57万人次、76万人次、124万人次和159万人次（老君山文旅集团，2023b）。

1. 客源结构

2020~2022年老君山的旅游客源中，来自省内的游客占比为71.83%，来自省外的游客占比仅为28.17%（老君山文旅集团，2023b）。

2020~2022年老君山的省外旅游客源中，排名前十的省份分别为山东、安徽、河北、江苏、山西、陕西、湖北、广东、辽宁、黑龙江。排名前十省份游客占到所有省外游客的76.1%（老君山文旅集团，2023b）。主要省外旅游市场也集中在山东、安徽、河北、江苏、山西等近邻省份。

2020~2022年老君山的省内旅游客源中，排名前十的城市分别为洛阳、郑州、周口、南阳、新乡、商丘、平顶山、开封、驻马店、许昌。

2. 时间结构

老君山景区旅游人数受节假日影响明显。由图3-6可以看出，2021年的旅游人数月度分布具有较大幅度波动。在2月、5月、10月等具有黄金周和小长假的月份，老君山的旅游人数相对较多。

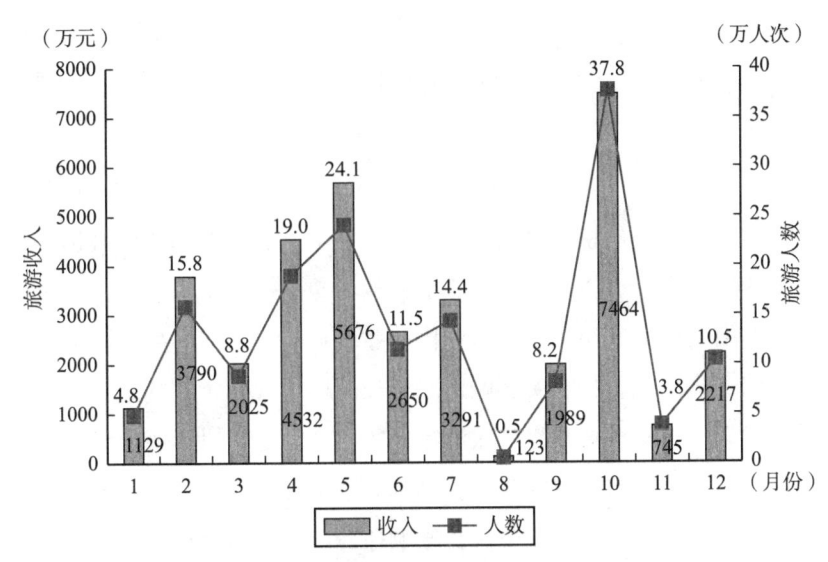

图3-6　2021年老君山景区分月份旅游人数和旅游收入

资料来源：老君山文旅集团. 老君山文旅集团历年经营数据汇编[R]. 洛阳：河南省老君山文化旅游集团有限公司，2023b.

从周内的旅游者分布来看，老君山周末接待的旅游人数较多，工作日接待的旅游人数较少。在老君山近三年接待的游客中，周一至周五的工作日平均每日接待3040人，周末则平均每日接待12817人（老君山文旅集团，2023b）。

3. 年龄结构

老君山旅游者的年龄结构分布为："60前"（6%）、"60后"（8%）、"70后"（11%）、"80后"（18%）、"90后"（21%）、"00后"（36%）（老君山文旅集团，2023b）。可以看出，老君山旅游者呈现出明显的年轻化趋势，年轻旅游者所占比重更高，而中老年旅游者所占比重较低。

4. 团散结构

老君山景区2021年接待的游客中，团队游客比重为23.1%，散客比重为76.9%（老君山文旅集团，2023b）。

（二）总体评价

老君山景区的旅游产品以观光旅游产品为主，老君山旅游者以一日游或过夜游为主，旅游停留时间较短，旅游重游率较低。

老君山的旅游客源主要来自省内，省外旅游客源也主要来自周边省份，说明老君山现状的品牌影响力和市场范围主要集中在周边区域，还没有形成全国性甚至世界级的旅游市场吸引力。在向世界级旅游度假区迈进的过程中，还需要进一步扩大品牌影响力和旅游吸引力范围。

老君山接待的游客量受节假日影响比较明显，黄金周和周末接待的游客较多，而工作日接待的游客则较少，旅游景区的接待潜力没有得到充分发挥。通过发展休闲度假和康养旅居，鼓励旅游者度假旅游和长期旅居，扭转现在以一日游和过夜游为主体的局面，有助于大幅度延长旅游时间、提高重游率，帮助老君山景区熨平旅游客流的季节性波动，充分释放景区在全年度的旅游接待潜力。

在新媒体营销的强力带动下，老君山旅游景区的游客年龄结构呈现出年轻化的趋势，"90后"和"00后"旅游者合计占到了57%，"60

前"和"60后"的中老年旅游者仅占14%（老君山文旅集团，2023b）。在老君山景区向世界级旅游度假区迈进的过程中，在现有观光旅游者的基础上，休闲度假者和康养旅居者的比重会持续增加。在人口老龄化背景下，根据国内外旅游市场的普遍规律，中老年人由于有更充裕的休闲时间和更强烈的康养需求，他们在休闲度假者和康养旅居者中会占据较高比重。老君山在未来的发展转型过程中应更加关注中老年的旅游、度假和旅居需求，以提前应对旅游客源市场年龄结构的转变。

五、旅游服务

（一）现状特征

（1）个性化服务。老君山倡导文明快乐服务，争取使每一个游客都能高兴而来、满意而归。从"不让一位游客在景区受委屈"到"人人都是旅游环境"，再到"感动每一位游客"，景区的员工始终以高度责任感和优质服务意识，在各个岗位上默默无闻地为广大游客提供着最细致、最贴心服务。例如，景区在停车场入口处免费给游客发放温馨提示卡，在游客中心设置有休息长椅、婴儿车、轮椅、电子触摸屏、手机加油站、擦鞋机等设施，在救护中心配备了急救设备、急救药品、氧气袋、担架等物资，在星级厕所专门设置了残疾人厕位和无障碍通道等。

（2）标准化服务。为了创建旅游标准化试点单位工作，老君山景区将各项管理制度、服务规范形成体系，确保景区各项管理标准更加系统完整、更加科学适用，并有效促进景区向标准化、品牌化、特色化方向发展。在科学规划的基础上，景区内所有的标志标牌全部按照国家标准，采用中、英、日、韩四种文字进行制作。所有进出景区的道路全面硬化、绿化、美化。所有人行观光步道全部以贴近生态、游客舒适安全为标准进行了环线铺设。

（3）智慧化服务。老君山投资2000多万元建成了河南省首个"互联网＋老君山"智慧景区（郑旺盛、张记，2022），标志着山岳观光的智慧旅游在这里迈入一个全新时代。通过"互联网＋"智慧旅游景区建设，老君山为游客搭建了人性化、多样化的服务平台。在海拔2000多米的伏牛山主峰马鬃岭和老君山金顶建筑群，游客拍完照，立刻就能分享到朋友圈。作为国内Wi-Fi覆盖面积最大的景区，老君山景区的Wi-Fi最多可满足3万人同时上网。

（二）总体评价

老君山景区近年来以个性化服务、标准化服务、智慧化服务等为工作抓手，大幅度地提升了旅游服务质量。

以真情服务为特色的个性化服务已经成为老君山景区的一张靓丽名片。游客至上、真情好客是老君山发展的重要原则。"一元午餐"让游客们在海拔2000米的山顶体验了老君山的温度。真情服务是最优质的旅游服务，也是联系景区和游客的最宝贵纽带。无论以后老君山景区发展到哪个阶段，要永远保证游客至上不动摇、真情服务不变质。

老君山景区依托创建国家5A级旅游景区、国家级旅游度假区，推进旅游服务标准化，实现了旅游服务品质的快速提升。世界级旅游度假区应该有世界级的旅游服务品质，在未来创建世界级旅游度假区的过程中，对于老君山的旅游标准化工作提出了更高的要求，老君山应在《世界级旅游度假区建设指引》的指导下深入推进。

同时，世界级旅游度假区还提出了服务创新性的要求，标准化是基础，创新化才是目标。老君山景区的部分标识标牌、基础设施、交通道路等标准化有余，而创新性不足。未来应在创造性转化文化资源的基础上，实现旅游景区的创新性发展。

老君山景区投资2000多万元初步建成了"互联网＋老君山"智慧景区（郑旺盛、张记，2022）。但是，老君山现有智慧工程还主要集中在完善智慧旅游硬件基础设施上，未来应该将关注重点从硬件设施向软件应用方向拓展，充分利用智慧化应用来提高企业管理水平、提高游客服务质量、提高大数据应用能力、提高宣传营销效能，建成企业管理、游客服务、市场营销有机整合的智慧旅游系统。

六、营销推广

（一）现状特征

品牌塑造是老君山营销的翅膀。老君山开发初期，起步晚、设施差、品牌影响力小，为改变品牌弱小的现状，在景区基础设施逐渐完善的条件下，从2014年开始，老君山景区每年投放不低于2500万元的品牌宣传费用，逐渐使老君山的品牌得以提升。同时，景区的营销活动按照品牌化、系列化的标准推进，观海避暑节、高山花海节、农民丰收节、万人养生宴、太极豆腐、端午槲包、古庙会等独具特色营销的活动，已形成系列品牌。2007年以来老君山景区在品牌塑造方面的累计投入总额已超2亿元（老君山文旅集团，2022c）。

创意营销是老君山发展的抓手。老君山的营销模式可以总结为游客至上、真情服务、活动导向、反季营销、弯道超车、智慧工具、产品创新等内容。营销创新及尝试让老君山不断地贴近游客，系列创意营销活动让老君山的游客量急剧增加。经过十五年发展，"自然+节庆+文化+市场+扶贫"的老君山营销模式已经呈现"政治引领、特色创新、系列策划、品牌建设"的良好发展态势，将使更多游客向往老君山、爱上老君山。

（二）总体评价

在2007年以来的发展历程中，老君山的创新营销模式对景区的品牌提升、营销推广和产品创新产生了巨大的推进作用，总体而言是切实可行和行之有效的。在未来创建世界级旅游度假区的进程中，老君山将面临新的营销需求和形势。

从营销的产品来看，休闲度假和康养旅居产品的营销推广与观光旅游产品相比具有截然不同的规律，需要深入研究休闲度假者、康养旅居者的特点并对营销策略进行优化调整。从推广的范围来看，老君山要建成世界级旅游度假区，首先需要具有世界级的文化影响力和旅游知名度。在国家提升中华文化影响力、加强对外文化交流和多层次文明对话的战略背景下，老君山所承载的道家文化、老子文化是中华优秀传统文化的杰出代表，要主动承担起讲好中国故事、传播中国声音、展现中国自信的重任，整合利用更多的创新推广平台和营销工具，满足老君山提升国际旅游形象、推广入境旅游市场等新需求。

第三节　老君山景区发展历史经验

"工业反哺旅游"的"栾川模式"，让栾川县享誉全国。在栾川县大力发展全域旅游的历史进程中，老君山又堪称"栾川模式"的最典型代表。老君山景区从2007年以来，先后投资20个亿的资金，完成了100多项重大旅游基础设施建设，形成了"一轴两翼七大功能区"的旅游大格局。老君山从默默无闻的小景区，成为国家5A级旅游景区，年旅游收入从2007年不足30万元增长到2023年有望突破8亿元（老君山文旅集团，2023b），实现了以旅游开发带动县域经济发展的目标，成为"奇境栾川"旅游强县发展史上的里程碑，更是"两山理论"的实践者。

老君山通过建设精品旅游景区、提高旅游知名度、增强企业发展动能，推进旅游业跨越式发展，带动社区综合发展和旅游扶贫富民，最终实现共同富裕，形成了"老君山模式"，丰富了我国贫困山区旅游高质量发展的实践，为国内外旅游发展提供了宝贵经验。

"老君山模式"主要包括建设精品旅游景区、提高旅游知名度、增强企业发展动能、实现共同富裕等四方面内容，四者共同构成推动老君山高质量发展的有机整体。图3-7为"老君山模式"理论结构框架。

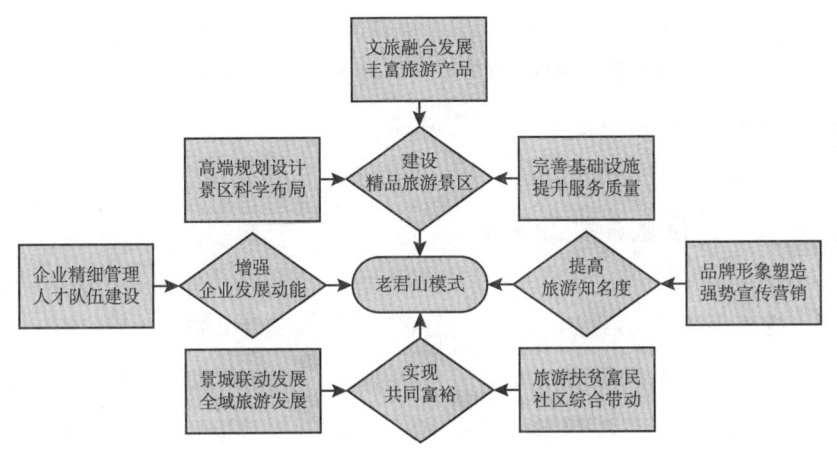

图3-7 "老君山模式"理论结构框架

资料来源：作者总结提炼。

一、建设精品旅游景区

建设精品旅游景区是"老君山模式"的核心内容。

（1）高端规划设计、景区科学布局。老君山重视旅游景区的高标准规划设计工作，聘请了国内著名研究机构承担了景区的发展规划、建筑设计等工作，科学谋划旅游景区的空间布局，建设世界顶尖精品旅游项目，打造震撼性、独特性的旅游景观，推动老君山形成国内一流的旅游吸引力。

（2）文旅融合发展、丰富旅游产品。老君山重视景区历史文化的梳理和挖掘。坚持文化引领发展的原则，把文化作为产业工程来打造和建设。利用文化内涵提升旅游项目的核心吸引力和竞争力。把文化注入旅游产品体系的开发和建设过程中。

（3）完善基础设施、提升服务质量。老君山景区自2007年以来，先后投资20多亿元的资金，用于公路、索道、栈道、厕所、水库、污水处理等基础设施建设。老君山景区近年来以个性化服务、标准化服务、智慧化服务等为工作抓手，大幅度地提升旅游服务质量，游客至上、真情好客已成为老君山的名片。软硬基础条件的提升，为老君山建成国内一流的旅游景区奠定了坚实基础。

二、提高旅游知名度

提高旅游知名度是"老君山模式"的价值实现机制。

（1）品牌形象塑造。从2014年开始，老君山景区每年投放不低于2500万元的品牌宣传费用（老君山文旅集团，2022c），使老君山的品牌形象得以迅速提升。景区营销活动按照品牌化、系列化的标准推进，观海避暑节、高山花海节、农民丰收节、万人养生宴、太极豆腐等活动已形成系列品牌。

（2）强势宣传营销。创意营销是老君山发展的抓手，老君山的营销模式可以总结为游客至上、真情服务、活动导向、反季营销、弯道超车、智慧工具、产品创新等内容。强势创新营销让老君山不断地贴近游客，系列创意营销活动让老君山的游客量急剧增加。

三、增强企业发展动能

增强企业发展动能是"老君山模式"的内在创新发展动力。

（1）企业精细管理。老君山景区在2007年以来的发展历程中，总结和提炼出一套贴合老君山发展实际的管理模式。主要包括坚持创新学习的终身学习制度、制度化的考核竞聘制度，以及以"高层决策，业务细化、区域管理、责任到人"为特征的企业管理制度。企业精细管理有效提升了老君山文旅集团的工作和创新效率。

（2）人才队伍建设。老君山景区在2007年以来的发展历程中，培养和锻炼出一支凝聚力强、素质优秀的职工队伍。老君山景区还培养和造就了一个思想品质好、业务素质高、责任意识强、乐于担当奉献、团结和谐的管理团队。三百多"老君山人"紧密团结在一起，已经成为推动老君山高质量发展的核心力量和最宝贵资源。

四、实现共同富裕

实现共同富裕是"老君山模式"的最终发展目标。

（1）景城联动发展、全域旅游发展。老君山景区主动编制《栾川县城—老君山景区景城一体化概念规划》，提出了以景城融合推进全域旅游发展的思路。景区主要承担观光游览和旅游服务功能，大部分游客的住宿功能则由栾川县城来承接。以龙头旅游景区的发展，带动了伏牛山其他旅游景区协同发展。以高等级旅游景区的发展，带活了栾川县域经济的转型升级。以栾川县城的旅游接待设施，弥补了景区内部的旅游设施短板。"一座山带火一座城"就是老君山景城联动发展的真实写照。

（2）旅游扶贫富民、社区综合带动。老君山景区在发展过程中，不忘带动周边村民共同富裕。景区主动让出餐饮、购物、民宿等旅游业态让周边村民经营，考虑到村民的实际困难，还为村民预借经营资金、提供生产资料和经营用房，帮助周边村民脱贫致富，践行了共同富裕、推进了乡村振兴。

第四节　老君山景区发展时代价值

老君山景区自 2007 年改制以来，成功实现了旅游景区的跨越式发展。在长期开拓创新的斗争实践中，总结形成了旅游业发展的"老君山模式"。

"老君山模式"，是在栾川县委县政府正确领导下，老君山人艰苦创业形成的旅游业发展模式，既有国内外旅游业发展的共同特征，更有基于县情区情的老君山特色。

一、"老君山模式"是奋进赶超的旅游业发展模式

老君山景区从 2007 年 8 月改制成功到 2012 年 1 月成功创建国家 5A 级旅游景区，仅用了不到 5 年时间，成为洛阳市的第三家国家 5A 级旅游景区，为洛阳市和栾川县争得了荣誉。老君山景区 2007 年营业收入不足 30 万元，2017 年营业收入突破 1 亿元，2021 年营业收入实现 3.69 亿元，到 2023 年营业收入有望突破 8 亿元（老君山文旅集团，2023b），成功实现了旅游景区的跨越式发展。

老君山文旅集团从县情区情出发想问题、作决策、办事情，既不好高骛远，也不因循守旧，坚持稳中求进、循序渐进、持续推进，抓住历史机遇成功实现"弯道超车"。

二、"老君山模式"是社区居民共同富裕的旅游业发展模式

老君山景区在发展过程中，不忘带动周边村民共同富裕。景区主动让出餐饮、购物、民宿等旅游业态让周边村民经营，不与村民争利，更

没有将村民强行搬离景区。考虑到村民的实际困难,还为村民预借经营资金、提供生产资料和经营用房,帮助周边村民脱贫致富。

共同富裕是中国特色社会主义的本质要求,也是旅游高质量发展的重要目标。老君山文旅将集团坚持把实现人民对美好生活的向往作为旅游产业发展的出发点和落脚点,着力维护和促进社会公平正义,着力促进乡村振兴和共同富裕。

三、"老君山模式"是文化和旅游融合发展的旅游业发展模式

以文塑旅、以旅彰文是文化和旅游深度融合发展的根本要求。我们既要提升旅游资源的文化内涵,又要加强文化资源的旅游利用。

老君山重视景区历史文化的梳理和挖掘。坚持文化引领发展的原则,把文化作为产业工程来打造和建设。利用文化内涵提升旅游项目的核心吸引力和竞争力,利用旅游休闲提升文化资源的体验性和传播力,文化资源和旅游产品组合度好、融合性强。以"天界五宫十里画屏"为标志的精品旅游项目,既是老君山的核心品牌形象,也是我国文旅融合高质量发展的典范。

四、"老君山模式"是人与自然和谐共生的旅游业发展模式

人与自然是生命共同体,无止境地向自然索取甚至破坏自然必然会遭到大自然的报复。老君山景区坚定不移走生产发展、生活富裕、生态良好的文明发展道路,实现老君山景区的永续发展。

老君山景区在2007年以来的发展历程中,坚持绿水青山就是金山银山理念,积极推动绿色发展、推进美丽中国建设、促进人与自然和谐共生。在景区的旅游项目开发、基础设施建设、垃圾污水处理等过程中,尊重自然、顺应自然、保护自然,坚持节约优先、保护优先、自然

恢复为主，实施可持续发展战略，在推动旅游景区发展全面绿色转型方面探索出了新的模式。

五、"老君山模式"是区域协调发展的旅游业发展模式

老君山景区的旅游发展模式，既不迁走所有原住民、在景区内部搞"小而全"建设的老路，更不走以邻为壑、损人利己、独占发展利益的邪路，而是走出了景城联动发展、全域旅游发展、"一座山带火一座城"的新路。

老君山景区主动编制《栾川县城—老君山景区景城一体化概念规划》，提出了以景城融合推进全域旅游发展的思路。景区主要承担观光游览和旅游服务功能，大部分游客的住宿功能则由栾川县城来承接。以旅游景区的高质量发展，带活了栾川县域经济的转型升级。

第五节 老君山景区发展历史意义

一、老君山景区发展改变了老君山人的前途命运

长期以来，老君山周边地区经济发展相对滞后，老百姓生活较为贫困。老君山景区自2007年以来经过多年开发建设，成功实现了跨越式发展，通过"弯道超车"成为全国著名旅游景区。

老君山人经过艰苦卓绝的创业斗争，依托景区发展已经彻底摆脱了贫穷落后的命运，城乡居民实现全面小康，成为老君山、景区和自己命运的主人，老君山居民对美好生活的向往不断变为现实。

今天，老君山人更加自信、自立、自强，极大增强了志气、骨

气、底气，在创业斗争中积累的强大能量充分爆发出来，焕发出前所未有的发展激情和创造精神，正在信心百倍地朝世界级旅游度假区目标迈进。

二、老君山景区发展开辟了老君山可持续发展的正确道路

长期以来，栾川县依托矿产资源积累了巨额财富的同时，也面临着矿产资源枯竭、生态环境恶化、收入差距拉大等危机，传统的资源型经济发展模式不可持续。

老君山人在"两山理论"的指引下，不懈奋斗、不断进取，成功开辟了发展方式转型和经济可持续发展的正确道路。老君山从积贫积弱、一穷二白到全面小康、繁荣富强，从缺乏自信、迷茫困惑到独立自主、坚定自信，仅用十六年时间就走完了成熟旅游景区几十年走过的发展历程，创造了旅游景区建设和旅游经济发展两大奇迹。今天，老君山向世界展现的是一派欣欣向荣的气象，巍然屹立于中原大地上。

三、老君山景区发展展现了中华优秀传统文化的强大生命力

老君山有深厚的文化底蕴，以敕建老君庙为核心载体的老子思想和道家文化已传承千年，自古以来就是全国信众祭拜朝圣的中心。

在2007年以来的发展历程中，老君山景区极为重视对老君山历史文化的梳理和挖掘，坚持文化引领发展的原则，将民俗文化、老子文化、道家文化、道教文化等都作为景区可持续发展的灵魂。老君山充分利用文化内涵提升了景区的核心吸引力和竞争力，举办了一系列文化创意活动，出版了一系列文化相关著述。

2007年以来，老君山坚持把中华优秀传统文化写在自己的旗帜上，

不断推进老子文化、道家文化的创造性转化和创新性发展，以优秀传统文化的深邃内涵引领旅游产业发展的伟大实践。

中华优秀传统文化的底蕴和内涵在老君山得到充分检验，中华优秀传统文化的创造性和实践性在老君山得到充分贯彻，中华优秀传统文化的品牌号召力和价值认同感在老君山得到充分彰显。老君山景区的文旅融合发展不断取得成功，使老子文化、道家文化、道教文化以崭新形象展现在中原大地上，促进了中华民族的文化自觉、自信、自立和自强。

四、老君山景区发展深刻影响了栾川县全域旅游发展格局

2007年以来，老君山遵循景城联动发展、全域旅游发展的理念。老君山景区主动编制《栾川县城—老君山景区景城一体化概念规划》，提出了以景城融合推进全域旅游发展的思路。老君山景区主要承担观光游览和旅游服务功能，大部分游客的住宿功能则由栾川县城来承接。以龙头旅游景区的发展，带动了伏牛山其他旅游景区协同发展。以高等级旅游景区的发展，带活了栾川县域经济的转型升级。以栾川县城的旅游接待设施，弥补了景区内部的旅游设施短板。

老君山景区的跨越式发展，增加了栾川县的旅游客流，提升了栾川县的旅游吸引力，扩大了栾川县旅游产业经济规模。老君山为伏牛山世界地质公园发展贡献了智慧、方案、力量，成为推动栾川县全域旅游发展的重要力量。

五、老君山景区发展锤炼了勇于开拓创新的老君山人

老君山景区在2007年以来的发展历程中，培养和锻炼出一支凝聚力强、素质优秀的职工队伍。老君山景区刚改制时只有30多名员工，

今天已发展壮大成为 300 多人的职工队伍。2007 年以来，老君山人坚持理想信念，坚守初心使命，勇于自我革命，在艰苦创业过程中经受住各种风险考验，锤炼出心系公司发展、扎根老君山事业的企业文化，形成了以公司为家、企兴我荣的宝贵精神。老君山人的战斗力和创新性不断提高，在未来将推动老君山向世界级旅游度假区迈进！

第四章

老君山景区发展现状诊断

第一节　老君山景区文旅资源评估

老君山景区的旅游资源包括历史文化、自然景观、宜居气候、生态环境、健康养生、空间区位等，旅游资源特色鲜明、优势突出、互补性强。

一、历史文化厚重多元

老君山原名景室山，后因"东周守藏室史"李耳到此归隐修炼而改名为老君山，一直沿用至今。相传，老子出函谷关后，又顺着虢国古道，从灵宝、卢氏到栾川景室山归隐修炼。因此，老君山是道家学派的创始人老子的归隐和仙逝之地。清代《南阳府志》《内乡县志》《卢氏县志》都记载着关于老子最后归隐于伏牛山主峰景室山的传说。

北魏时，在老君山顶建老君庙。到唐太宗时重修，由大臣尉迟敬德监修。明代为石墙、铁椽、铁瓦、兽脊龙吻。老君山顶道观历史悠久，道教文化源远流长，自北魏以来一直是豫、陕、皖、鄂香客朝拜的中心，与武当山并称为"南北二顶"，世称"南有武当金顶，北有老君铁顶"。

老君山原有古建庙宇6处，复修老君庙、救苦殿、灵官殿等4处，新建13处。2010年以来，老君山景区投巨资建设了金顶道观群、老子文化苑、老子铜圣像等精美文化景观，在保护文物、传承文化的基础上形成了新的文化资源。

在老君山下，都有着丰富的老子文化传统。有老子骑牛归隐、讲经修道、济世救人、点化众生的民间传说，有纪念老君的传统节日"清和节"和与老君相关的"金牛节"，有众多与老君相关的地名、物名。每年农历四月初八、十斋日，各方香客络绎不绝，达数万人之多。

基本结论：老君山文化资源遍布全境，历史文化厚重、多元文化交融、文化资源丰富、活态文化鲜明，文物保护单位、人造文化景观、可移动文物、非物质文化遗产的组合度较好，共同形成文化集聚效应。老君山所承载的老子文化、道家文化、道教文化是中华优秀传统文化的杰出代表，具有深厚的文化底蕴、强大的文化影响力。

因此，老君山既有条件建成中华优秀传统文化体验目的地，建成中华文明对外交流传播的平台，又能通过文旅融合、文化创新来提升旅游产品体系吸引力。在河南省建设"中华文化传承创新中心"、洛阳市建设"国际人文交往中心""华夏文化传承创新示范区""全国沉浸式文旅目的地"的过程中，老君山能够成为重要支撑。

二、地质景观奇绝壮美

老君山是伏牛山主峰，海拔2192米，被誉为"中原屋脊"，是伏牛山世界地质公园核心园区，拥有独特的"滑脱峰林"地貌景观，是一部研究大陆复合型造山带的地质教科书，堪称世界一流地质景观资源，是迄今为止世界范围内发现的规模最大的花岗岩峰林奇观（栾川县人民政府，2008）。

老君山为伊河、淅川、白河发源地，水资源丰富，溪流纵横，形成了老君瀑布、老龙窝等壮美的瀑潭景观。景区内地表水体十分发育，地表水资源丰富，主要表现为溪流等。景区内水体清澈、水质优良、无污染，且一年四季水温都维持在10℃左右。

老君山经过多年来的开发建设，现已建成了八大景区，共138个景点（老君山文旅集团，2013）。自然景点主要包括舍身崖、南天门、马鬃岭、石林、朝阳洞、仙人桥、君山天瀑、老龙窝、悟道石、亮宝台、玉皇顶等。

老君山拥有特品级旅游资源5个，优良级资源21个，占全部旅游资源一半以上。资源品质极高，具有独特性、独占性、唯一性、排他性的特点，具备观赏游憩价值、科学研究价值、历史文化价值和社会经济价值（老君山文旅集团，2013）。

基本结论：老君山有世界级品质的山岳、峡谷、森林、瀑布等山水景观，自然景区遍及景区全域、山水组合度好。特别是老君山相对海拔达到1467米，随海拔高度变化呈现全景式立体景观，仿佛一幅浓缩的伏牛山画卷，有条件建成世界级山水奇观旅游目的地，并依托山水景观开发生态旅游、户外运动、研学教育、科考探险、滨水休闲等旅游产品。

在栾川县建设"伏牛山国民休闲度假地核心区"的过程中，老君山能够成为核心支撑。

三、四季宜居气候舒适

（1）气候。老君山属于暖温带大陆性季风气候，处于中纬度地带，属暖温带—亚热带、湿润—半湿润季风气候。气候温凉，雨量充沛，日照尚足，冬长夏短。山区气候垂直和水平变化较大，形成不同的小气候区，有"山高一丈，大不一样""一山有四季，十里不同天"的特点。

（2）光照。老君山景区全年光照为2068.8小时，平均日照率为47%（栾川县人民政府，2008）。

（3）气温。老君山年平均气温6.8℃，夏季当栾川县城气温达35~38℃时，这里只有23~26℃，年无霜期210天左右，初霜日一般在11月3日前后，终霜日一般在4月6日前后（栾川县人民政府，2008）。

（4）雨量。栾川县年均降水量为842.4毫米。全年以夏季6~8月降水最多，平均为421毫米，占全年降水量的50%，冬季最少，平均为32.6毫米，占全年降水4%（栾川县人民政府，2008）。

（5）季风。老君山季风明显，冬半年多为西北风，夏半年多为偏东风。全年以西北风盛行。年平均风速为1.6米/秒，最大风速为25米/秒。平均年蒸发量1486.9毫米。年平均湿度11.2百帕，最大绝对湿度32.4百帕，年平均湿度68%（栾川县人民政府，2008）。

基本结论：老君山地形地貌形成了独特的立体式气候，在景区范围内分布着从暖温带—亚热带的多样化气候，有条件建成气象旅游目的地，发展以生态旅游、研学教育、科考探险为特征的气象旅游。

老君山气候条件优越，冬无严寒、夏可避暑，可依托景区建设四季宜居目的地，大力发展度假、旅居、康养等产品。在栾川县创建"伊水栾山养生城""全域旅居康养示范区""慢生活高品质旅居城市"的过程中，老君山能够成为核心支撑。

四、自然生态环境优美

老君山所在的伏牛山脉绵延豫西400千米，是中原地区最大的一块原始绿地，森林覆盖率达97%以上。老君山作为国家级自然保护区，景区内森林生态系统完善，各种自然风光竞相争秀，主要保护对象为天然阔叶林森林生态系统。老君山现有国家级保护植物66种、国家级保护动物31种（栾川县人民政府，2008）。

在老君山的植物群中，大部分地区为针叶树、阔叶树、灌木、草类、蕨类、苔藓，属混杂型。其中，有名贵中药材天麻、黄精、五味子、金钗石斛、党参、贝母等；有观赏花草春兰、太白杜鹃、百合、海棠、紫荆等；有列入国家保护的水杉、冷杉、云杉、银杏、连香树等22种；有列入省级保护的铁杉、青线柳等20种。老君山景区主要植被为亚热带常绿落叶、阔叶混交林、亚热带落叶阔叶林、亚热带常绿针叶林等（栾川县人民政府，2008）。

老君山现有国家级保护动物31种，有东洋区和古北区动物。其中，属国家保护的珍稀动物有金钱豹、艾叶豹、青羊、獐、豪猪、猴、金雕、红腹锦鸡、鸳鸯、红隼、红脚隼、短耳鸟、长耳鸟、苍鹰、大鲵、大灵猫；属省级保护的珍稀动物有狐狸、貉、青鼬、猫豹、飞鼠、鹿、水獭、啄木鸟、大斑啄木鸟、星头啄木鸟、画眉鸟、三宝鸟、双斑锦蛇等（栾川县人民政府，2008）。

基本结论：老君山作为"国家级自然保护区"，自然风貌保存良好、生态环境优美、动植物种类丰富，构成了建设国家公园、发展旅居度假的资源本底。特别是景区内有极为丰富的动植物群落，有条件建成国家级生态旅游目的地，并依托生态资源开发生态旅游、户外运动、研学教育、科考探险、滨水休闲等旅游产品。

五、健康养生资源丰富

老君山地处亚热带与暖温带过渡的地理分界线，森林覆盖率高达95%，空气中负氧离子含量平均每立方厘米3.7万个，是中原空气质量最好的地区。老君山年平均气温12℃，夏季平均气温21℃，是理想的避暑地。老君山年平均降雨量1100毫米，空气湿润宜人，年舒适期长达9个月，春日清新、夏日清凉、秋日清爽、冬日清静，极适宜人居住、养生、休闲、度假。老君山拥有名贵中药材天麻、黄精、五味子、金钗石斛、党参、贝母等（老君山文旅集团，2013）。

基本结论：老君山有传统长寿文化和优越康养条件，生态环境、空气质量、传统医药、健康饮食、户外运动等养生资源丰富多样，可进一步与宜居气候、自然生态等整合形成优势，在栾川县建设"伊水栾山养生城""全域旅居康养示范区""慢生活高品质旅居城市"过程中成为核心支撑。

六、空间区位条件优越

老君山是伏牛山的主峰，位于河南省洛阳市栾川县东南部，与栾川县城直接相连。

老君山占据着"伏牛之心"的优越地理位置，处于大伏牛山生态旅游区、伏牛山世界地质公园的核心区，其枢纽地位无可替代。

从洛阳市"一心两翼两带"旅游空间布局来看，老君山位于"南翼伏牛山国民休闲旅游度假地"的中心区，位于伏牛山核心景区风景廊道"尧山—木扎岭—白云山—老君山—抱犊寨—老界岭—豫西大峡谷"的核心位置。

从栾川县周边旅游空间布局来看，老君山景区北有北国水乡重渡沟，东接白云山国家森林公园等著名风景区，东南有世外桃源养子沟，西临鸡冠洞，这些景区各有特色、资源互补、形成合力，以老君山为核心构成了一个更大范围的旅游目的地，形成了"众星拱月"之势。游客以老君山景区为基地"安营扎寨"，可以方便地"逛遍"周边众多景区。

基本结论：老君山是伏牛山主峰，位于伏牛山核心景区风景廊道的核心位置。老君山的旅游资源禀赋独特、交通区位条件优越。在洛阳市建设"伏牛山国民休闲旅游度假地"、栾川县建设"伏牛山生态旅游区旅游集散中心"的过程中，老君山能够成为大伏牛山旅游目的地的旅游引力中心、旅游服务中心、旅游集散中心。

第二节　老君山景区发展区域环境

一、河南省域旅游发展环境

2021年12月31日，河南省人民政府印发《河南省"十四五"文化旅游融合发展规划》（河南省人民政府，2021），明确了河南省文化旅游的战略定位和发展目标。

（一）河南省文化旅游战略定位

河南省在"十四五"时期确立了建设"中华文化传承创新中心、世界文化旅游胜地"的战略定位。对于以黄河文化为代表的中华文化，除了保护和传承以外，更加强调文化创新。在河南省已建成全国性文化旅游目的地的基础上，更加重视中华文化在全世界的影响力，要建设"世界文化旅游之都""世界文化旅游胜地"。

（1）建设中华文化传承创新中心。彰显黄河文化在河南所呈现的根源性、核心性、融合性、延续性四大特征，突出黄河文化在中华文明起源和发展进程中的重要地位，发挥黄河文化对于中华民族根和魂的塑造作用，以保护传承弘扬黄河文化为主线，以黄河国家文化公园重点建设区为载体，延续黄河历史文脉，讲好黄河故事，大力弘扬以黄河文化为代表的中华文化，建设中华文化传承创新中心。

（2）建设世界文化旅游胜地。围绕黄河、根亲、功夫、古都、文字等享誉世界的中华文化IP，展示中原地区在中华文明演进中取得的灿烂成就和对世界文明作出的积极贡献，建设一批具有世界影响力的文化旅游目的地，推出一批具有全球影响力的文化旅游精品线路，打造郑汴洛世界文化旅游之都，优化国际人文环境，构筑文明交流互鉴高地，建设世界文化旅游胜地。

（二）河南省文化旅游发展目标

到2025年底，河南省旅游业综合贡献占生产总值比重超过12%（游客接待量和旅游综合收入分别保持15%和20%年均增长），全省文化产业增加值占生产总值比重超过5%，文旅文创成为全省战略性支柱产业。具有中原特色的中华文化超级IP初具影响力，国家文化公园建设保护任务全面完成，黄河文化旅游带的国际影响力不断提升，以中原文化、黄河文化为主题的文化旅游优质内容生产形成规模，高品质、多元化的文化旅游业态谱系基本建立（河南省人民政府，2021）。

到2035年，文化强省建设目标全面实现，以黄河文化、中原文化为代表的中华优秀传统文化全面复兴，具有中原特色的中华文化超级IP享誉世界，建成10个以上世界级文化旅游目的地，建成3~5个全球创意城市和10个以上具有世界影响力的人文旅居乡村（河南省人民政府，2021）。

展望到2050年，以中原文化、黄河文化为代表的中华文化成为世界广泛认同的文明形态。河南成为全球顶尖创意阶层的集聚地，形成各种创意要素充分涌流的文旅创作生态环境，成为全球文化创意创新的策源地和展演展示首选地。文旅文创成为高水平实现现代化河南的重要标志。

二、洛阳市域旅游发展环境

2021年国务院印发的《"十四五"旅游业发展规划》中，提出要"打造一批重点旅游城市"，并明确了洛阳是重点旅游城市之一（国务院，2021b）。《洛阳市"十四五"文化旅游融合发展规划》提出了洛阳市的文化和旅游发展战略思路（洛阳市人民政府，2022）。

（一）发展机遇

（1）积极融入国家黄河流域生态保护和高质量发展战略。建设黄河历史文化主地标城市，创建黄河流域生态保护高质量发展示范区，推进国家文化公园、文化创新城市建设，不断推动黄河文化、大运河文化、河洛文化高质量发展。

（2）积极融入"一带一路"倡议。充分发挥洛阳作为"一带一路"重要节点城市和起点城市优势，加快空中、陆上、海上、网上丝绸之路建设进程，开展丝绸之路经济文化交流，助推国际人文交往中心、世界级文化旅游目的地建设。

（3）积极融入"大运河文化带"战略。强化大运河与黄河文化、丝绸之路、万里茶道等资源重叠交汇优势，推动打造洛阳片区"运河源头、隋唐胜迹"的文化引领作用，与郑汴共同建设中原文化高地，合力打造中华文明标识。

（4）积极融入中部地区高质量发展战略。充分利用"郑洛西（晋陕豫）高质量发展合作带"建设机遇，积极构建洛阳与郑州、西安的文化旅游联盟，融入中原城市群建设。借势河南省文旅集团落户洛阳，建设河南省文旅文创洛阳基地，搭建文旅产业发展高端平台，开发具有洛阳标识的文创产品，打造文旅文创产业发展高地，建成文创产业发展的旗舰劲旅。

（5）把握中原城市群副中心城市建设机遇。积极融入郑州都市圈建设，与平顶山、三门峡、焦作、济源等协同发展，建设豫西转型发展创新示范区，辐射豫西北，建强副中心，形成增长极，重振洛阳辉煌。

（二）战略定位

洛阳市总体定位：国际文化旅游名城、国际人文交往中心、华夏文化传承创新示范区、全国沉浸式文旅目的地、全省文化中心。

洛阳市品牌定位："盛世隋唐""黄河文化""伏牛山水""国花牡丹""工业遗产"。

栾川县发展定位：依托好山好水，留住乡愁乡韵，建设高质量伊水栾山养生城；巩固全域旅游成果，创新发展栾川模式，打造伏牛山国民休闲度假的核心区。

（三）发展目标

到2025年，洛阳成为具有国际影响力的旅游目的地和带动全省文旅高质量发展的引领者、创新者、推动者。打好"盛世隋唐""黄河文化""伏牛山水""国花牡丹""工业遗产"五张牌。培育一批带动性强的沉浸式文旅企业，打造文旅产业旗舰劲旅。

到2025年，文化产业增加值达到500亿元。完成接待入境游客达到300万人次，接待国内外游客及收入比重占河南全省20%（洛阳市人民政府，2022）。

（四）空间布局

洛阳市以华夏历史文明传承创新区为核心，建设北翼黄河文化精品旅游带和南翼伏牛山国民休闲旅游度假地，打造洛河人文历史旅游体验带和伊河生态休闲旅游体验带，形成"一心两翼两带"的文化旅游空间布局。其中，与栾川县和老君山紧密相关的为"南翼伏牛山国民休闲旅游度假地"和"伊河生态休闲旅游体验带"。

1. 南翼伏牛山国民休闲旅游度假地

以伏牛山全域旅游示范区建设和乡村旅游高质量发展为目标，以栾川、嵩县、汝阳、洛宁等国家和省级全域旅游示范区为支撑，与太行山生态文化旅游区、大别山红色旅游区一同成为国家特色旅游功能区。依托伏牛山地区良好的生态环境资源和丰富的乡村旅游资源，发挥副中心城市辐射带动作用，加快推进区域旅游一体化，建设"中国·伏牛公路"，打造类型多样、内容丰富的高品位休闲度假和乡村旅游产品。其中，伏牛山全域旅游示范区核心景区风景廊道为：尧山—木扎岭—白云山—老君山—抱犊寨—老界岭—豫西大峡谷。

2. 伊河生态休闲旅游体验带

以伊河生态休闲旅游体验带建设为目标，以伊河为轴线，建设以栾川、嵩县、伊川、洛龙、伊滨、偃师等县区为主的伊河生态休闲旅游廊道。依托伊河丰富的生态文化旅游资源，建设陆浑水库湿地公园、龙门湿地公园、伊河健康乐道和游园、伊洛汇流生态游园、万安山文化旅游区等项目，串联玄奘故里、二程文化园、二程故里、范园等人文景点，完善运动、休闲、度假、康养、健身等配套设施建设，大力发展生态观光、休闲度假、健身康养、"微旅游"、"微度假"等文化旅游产品。

三、栾川县域旅游发展环境

（一）发展基础

2022年，栾川县地区生产总值同比增长5%，达303.7亿元；固定资产投资同比增长10.8%；规模以上工业增加值同比增长10%；社会消费品零售总额同比增长2.5%，均超省、市平均水平。收入水平稳步提高。一般公共预算收入达到26.1亿元，同比增长6.7%；城镇居民和农村居民人均可支配收入分别达到39413元、16443元，同比分别增长5.1%、7.3%，实现了县域经济高质量发展（栾川县人民政府，2023）。

2022年，栾川县接待游客1362万人次，实现旅游综合收入97亿元，同比分别增长11.7%和17.2%。栾川县成功创建国家全域旅游示范区，被授予中国乡村旅游发展名县称号，跻身全国旅游强县30强。

4A 级以上景区达到 10 家，全国县域首屈一指，老君山景区成为全省旅游新名片（栾川县人民政府，2023）。

（二）发展战略

栾川县发展路径"2"个转变：加快由依赖传统资源消耗型工矿业向科技新兴产业升级转变，加快由依赖传统山水风光资源向打造文旅文创支柱产业转变。

栾川县旅游发展"361"工作举措：紧盯建设全域旅居康养示范区、文旅文创融合示范县、伏牛山国民休闲旅游度假地"3 个目标"，着力抓好沉浸式文旅项目打造、乡村旅游示范村创建、精品民宿建设、业态融合、宣传营销、基础设施和服务质量提升"6 项举措"，深化旅游企业改革"1 条主线"。

栾川县城市建设定位：成为伏牛山生态旅游区旅游集散中心，打造慢生活高品质旅居城市。

（三）发展思路

（1）推动全域旅游发展。统筹城市、乡村、景区、景点一体化发展，深化旅游与文化、农业、交通、体育等深度融合，大力发展房车露营、高端康养、亲子体验等休闲旅游新项目，积极打造剧本杀、夜游娱乐、主题演艺等沉浸式文旅项目，不断丰富全域旅游内涵。

（2）打造核心旅游产品。突出抓好老君山景区提升和大环境整治、竹海野生动物园原始森林开发、重渡沟旅游度假区提质扩容、天河大峡谷康养旅游综合体、伏牛山滑雪场山地体育运动训练基地、鸡冠洞综合开发等核心景区提质增效工程，进一步提高栾川旅游市场竞争力。

（3）提升乡村旅游水平。围绕乡村主题形象和市场定位，与清华文创院合作，积极引入乡村文创特派员；与浙江趣村游集团合作，引进乡村运营新理念；与大学生乡村振兴创意大赛组委会合作，推动非遗点亮乡村；通过示范带动，丰富乡村旅游业态，完善乡村旅游内容，促进乡村旅游提档升级。采取招商引资、整合资金、联盟带动等方式，建设更多高端化精品民宿和民宿集群。结合豫西民俗、非遗传承、红色文化，打造更多文旅文创产品，切实发挥栾川在伏牛山乡村旅游高质量发展中的示范引领作用。

（4）强化精准旅游营销。坚持颠覆式创意，突出沉浸式旅游目的地整体推介，综合运用新媒体矩阵，精准谋划"政府搭台、景区唱戏、多方参与"的旅游营销新模式；加强与抖音、快手等平台的合作，策划举办露营节、电竞节、音乐节等年轻化赛事活动，制造更多吸睛点，全方位叫响"奇境栾川·自然不同"品牌，持续扩大栾川旅游市场覆盖面。

（5）优化旅游服务环境。开展A级景区旅游环境综合整治，推广旅游服务标准化，提高游客出游便捷度、满意度、舒适度。以"中国·伏牛公路"建设为核心，加快打造"石庙—陶湾""重渡沟—秋扒—潭头"南北旅游环线，增强服务设施供给，推动从"旅游公路"到"公路旅游"的蝶变，做到"点上有精品、线上有风景、面上有形象"。

第三节　老君山景区发展综合分析

一、优势条件

（一）历史文化

老君山文化资源遍布全境，历史文化厚重、多元文化交融、文化资源丰富、活态文化鲜明，文物保护单位、人造文化景观、可移动文物、非物质文化遗产的组合度较好，共同形成文化集聚效应。老君山所承载的老子文化、道家文化、道教文化是中华优秀传统文化的杰出代表,具有深厚的文化底蕴、强大的文化影响力。老君山既有条件建成中华优秀传统文化体验目的地,建成中华文明对外交流传播的平台,又能通过文旅融合、文化创新来提升旅游产品体系吸引力。

(二)地质景观

老君山有世界级品质的山岳、峡谷、森林、瀑布等山水景观,自然景区遍及景区全域、山水组合度好。特别是老君山相对海拔达到1467米,随海拔高度变化呈现全景式立体景观,仿佛一幅浓缩的伏牛山画卷,有条件建成世界级山水奇观旅游目的地,并依托山水景观开发生态旅游、户外运动、研学教育、科考探险、滨水休闲等旅游产品。

(三)宜居气候

老君山气候条件优越,冬无严寒、夏可避暑,可依托景区建设四季宜居目的地,大力发展度假、旅居、康养等产品。在栾川县创建"伊水栾山养生城""全域旅居康养示范区""慢生活高品质旅居城市"的过程中,老君山能够成为核心支撑。

(四)生态环境

老君山作为"国家级自然保护区",自然风貌保存良好、生态环境优美、动植物种类丰富,构成了建设国家公园、发展旅居度假的资源本底。特别是景区内有极为丰富的动植物群落,有条件建成国家级生态旅游目的地,并依托生态资源开发生态旅游、户外运动、研学教育、科考探险、滨水休闲等旅游产品。

(五)康养资源

老君山有传统长寿文化和优越康养条件,生态环境、空气质量、传统医药、健康饮食、户外运动等养生资源丰富多样，可进一步与宜居气候、自然生态等整合形成优势，在栾川县建设"伊水栾山养生城""全域旅居康养示范区""慢生活高品质旅居城市"过程中成为核心支撑。

(六) 空间区位

老君山位于伏牛山核心景区风景廊道的核心位置。老君山的旅游资源禀赋独特、交通区位条件优越。在洛阳市建设"伏牛山国民休闲旅游度假地"、栾川县建设"伏牛山生态旅游区旅游集散中心"的过程中，老君山能够成为大伏牛山旅游目的地的旅游引力中心、旅游服务中心、旅游集散中心。

二、存在的问题

(一) 空间布局

老君山景区的现状空间布局为"一轴两翼七大功能区"，作为旅游景区已经包括了文化景观（金顶道观群、老子文化苑）、自然观光（十里画屏）、户外运动（舍身崖）、休闲娱乐（追梦谷）、寨沟（民俗体验）等功能。

在未来的长远发展中，根据旅游业演进的一般规律，老君山的旅游产业功能会从观光游览向度假旅居、健康养生拓展，老君山的空间格局会从旅游景区向旅游度假区、旅游目的地拓展。

在老君山从国家5A级旅游景区向世界级旅游度假区发展的过程中，需要有大面积的空间来承载度假旅居、健康养生等多元化功能。仅靠寨沟、追梦谷等区域的有限建设用地难以满足世界级旅游度假区发展的空间需求。

老君山尚未对世界级旅游度假区的旅游功能和产业体系进行系统谋

划。老君山景区与栾川县城的产业互动以"景区游览、县城住宿"为主，未形成世界级旅游度假区"目的地＋核心度假产品群"的复杂产业格局。

老君山位于大伏牛山旅游目的地核心位置。但是，老君山与大伏牛山的尧山、木扎岭、白云山、抱犊寨、老界岭、豫西大峡谷等景区还存在较大程度的同质化竞争，景区间特色不鲜明、产业联系不紧密，尚未整合成为大伏牛山旅游目的地。

栾川县离建成"伏牛山生态旅游区旅游集散中心"还有一定差距。老君山尚未成为大伏牛山旅游目的地的旅游引力中心、旅游服务中心、旅游集散中心。

（二）文旅融合

老君山既有丰富的自然资源，又有深厚的文化底蕴。以敕建老君庙为核心载体的老子思想和道家文化已传承千年，自古以来就是全国信众祭拜朝圣的中心。

但是，金顶道观、老子铜圣像、《道德经》书法墙、庙宇塑像等重大文化项目主要表现为震撼性的文化景观，游客以观光游览为主，旅游产品的重游率较低，旅游的体验性、互动性、消费性不足，游客难以形成沉浸式的文化体验。

老君山在从旅游景区向旅游度假区演进的过程中，旅游者需求从观光旅游向旅居度假转变，需要依托文化资源改善旅游者体验、丰富休闲娱乐活动、完善健康养生功能、营造旅居生活氛围，让游客能够"留得下、留得住"。

总体来看，老君山景区文旅融合发展抓手不多。文旅业态不够丰富，结构不够合理，文创产品开发有限，产品附加值不高，缺少高品质文化旅游项目、沉浸式的文化体验氛围、活态化的非遗传承环境。

（三）产品体系

在传统旅游七要素"吃、住、行、游、购、娱、厕"中。老君山的旅游产业要素服务功能基本达标，现状主要问题集中在旅游产业要素的产品创新不够多、文旅融合不够深、服务品质不够高、游客体验不够好等方面。

至于旅游业与文化、研学、康养、体育、农业、会展等产业融合形成的旅游新产品和新业态，老君山还处于待发展的状态，基于"文旅融合""旅游+""文化+"的产品体系还没有形成。

老君山从旅游景区向旅游度假区发展演进的过程，也就是老君山的产品体系从观光游览向多元化发展的过程，是旅游业与相关产业不断融合创新的过程，是从旅游"门票经济"向"产业经济"发展的过程。

老君山景区的旅游收入呈现出典型的观光型旅游景区特征，门票和索道收入占到了旅游景区总收入的97.2%，老君山景区的旅游经济主要依靠"门票经济"。观光旅游产品具有重游率较低的特点，普通游客很少会多次重复游览同一个景点，老君山旅游客源市场存在逐渐枯竭的风险。

老君山现状产品体系不利于景区形成抵御旅游客流季节性波动的能力，不利于景区经济形成长期可持续发展的机制，也不利于景区进一步带动全域旅游和县域经济发展。

（四）客源市场

老君山景区的旅游产品以观光旅游产品为主，老君山旅游者以一日游或过夜游为主，旅游停留时间较短，旅游重游率较低。

老君山的旅游客源主要来自河南省内，省外旅游客源也主要来自河南周边省份，说明老君山现状的品牌影响力和市场范围主要集中在周边区域，对于京津冀、长三角、大湾区等国内主要客源市场的挖掘不足，还没有形成全国性甚至世界级的旅游市场吸引力。

老君山接待的游客量受节假日影响比较明显，黄金周、小长假和周末接待的游客较多，而工作日接待的游客则较少，旅游景区的接待潜力没有得到充分发挥。

老君山在向世界级旅游度假区迈进的过程中，还需要进一步扩大品牌影响力和旅游吸引力范围。

（五）旅游服务

世界级旅游度假区应该有世界级的旅游服务品质，在未来创建世界级旅游度假区的过程中，对于老君山的旅游标准化工作提出了更高的要求。老君山的旅游服务质量离世界级水准还有较大差距，未来应在《世界级旅游度假区建设指引》的指导下深入推进。

同时，世界级旅游度假区还提出了服务创新性的要求，标准化是基础，创新化才是目标。老君山景区的部分标识标牌、基础设施、交通道路等标准化有余，而创新性不足。未来应在创造性转化文化资源的基础上，实现旅游景区的创新性发展。

老君山现有智慧工程还主要集中在完善智慧旅游硬件基础设施上，未来应该将关注重点从硬件设施向软件应用方向拓展，充分利用智慧化应用来提高企业管理水平、提高游客服务质量、提高大数据应用能力、提高宣传营销效能，建成企业管理、游客服务、市场营销有机整合的智慧旅游系统。

三、风险隐患

（一）大众旅游时代消费提质升级

全面建成小康社会后，我国将全面进入大众旅游时代，旅游业面临高质量发展的新要求。人民精神文化生活日益丰富，中华文化影响力进一步提升，中华民族凝聚力进一步增强。

人民群众旅游消费需求将从低层次向高品质和多样化转变，由注重观光向兼顾观光与休闲度假转变，由观光旅游向文化体验转变。大众旅游出行和消费偏好发生深刻变化，线上线下旅游产品和服务加速融合。

在"全面促进消费，加快消费提质升级"背景下，《扩大内需战略规划纲要（2022—2035年）》提出，要推进优质文化资源开发，推动中华优秀传统文化创造性转化、创新性发展。大力发展度假休闲旅游。拓展多样化、个性化、定制化旅游产品和服务。加快旅游新业态。释放通用航空消费潜力。

老君山旅游产品体系如果不基于世界级标准持续创新，就存在跟不上大众旅游时代需求转变、旅游消费提质升级步伐的风险。

（二）旅游业积极应对人口老龄化

人口老龄化是全世界文明进步的体现，是今后较长一段时期我国的基本国情，对我国文化和旅游发展具有深远影响，挑战与机遇并存。老年旅游是老龄产业经济中增长最快领域，老龄化将给旅游业带来创新发展的机遇。在此背景下，我国将大力实施旅游设施和旅游服务的无障碍改造，大力建设无障碍旅游环境、无障碍旅游景区。

旅游业应该将老龄化看作产业发展的重要机遇，可在此基础上构建新的竞争优势。旅游企业应认真研究老年旅游需求和家庭出游特征，提供更具针对性和包容性的旅游产品和营销策略；老年旅游者有更多的休闲时间，能够协助熨平旅游业长期存在的季节性波动；老年旅游者对文化、康养等的特殊关注，能够促进旅游业的产业融合发展；老年旅游者对无障碍设施、精细化服务的需求，事实上能让所有旅游者受益。因此，老龄化给旅游业带来的绝不仅是旅游产品的适老化改造，而是旅游业的全面高品质和多元化发展。

中老年人由于有更充裕的休闲时间和更强烈的康养需求，他们在休闲度假者和康养旅居者中会占据较高比重。在栾川县建设"伊水栾山养生城""全域旅居康养示范区""慢生活高品质旅居城市"的背景下，在老君山景区向世界级旅游度假区迈进的过程中，游客平均年龄会持续上升，休闲度假者和康养旅居者的比重会持续增加。

老君山景区如果不能积极应对人口结构转变，就存在不能适应旅游市场的中老龄游客增加、旅游景区向无障碍环境转型、旅游产品向康养型转变的风险。

（三）建设世界级景区和度假区

《中华人民共和国国民经济和社会发展第十四个五年规划和2035年远景目标纲要》提出，要"建设一批富有文化底蕴的世界级旅游景区和度假区"。建设世界级旅游景区和度假区，既是"十四五"时期的国家战略，也是国家丰富优质旅游产品供给的重要抓手，更是我国5A级旅游景区和国家级旅游度假区的未来进一步发展目标。

老君山在国家5A级旅游景区基础上创建"富有文化底蕴的世界级旅游度假区"，有助于老君山提升旅游知名度、扩大旅游客源市场、深入推进文旅融合、丰富旅游产品体系、实现度假旅居突破、优化旅游服务质量、构建旅游目的地格局，是老君山景区在未来十五年持续高质量发展的主要路径和重要目标。

老君山已经是国家5A级旅游景区，但未来如果不能在世界级旅游景区和度假区等方面有所突破，则面临在中国顶级旅游景区中被边缘化的风险。

（四）文化、旅游和相关产业深度融合

从文旅融合来看，我国将继续坚持以文塑旅、以旅彰文的原则，积极寻找产业链条各环节的对接点，以文化提升旅游的内涵品质，以旅游

促进文化的传播消费，实现文化产业和旅游产业双向融合、相互促进。推动旅游演艺、文化遗产旅游、研学旅游、主题公园、主题酒店、特色民宿等业态提质升级，不断培育融合新业态。

从"旅游+"产业融合来看，我国将推进旅游与科技、教育、交通、体育、工业、农业、林草、卫生健康、中医药、非遗等领域相加相融、协同发展，延伸产业链、创造新价值、催生新业态，形成多产业融合发展新局面。

从"文化+"产业融合来看，我国将持续探索文化产业与文化事业融合互促的有效机制，促进保障人民文化权益与满足多样化文化需求有机结合。

老君山现在以观光产品为主，旅游者的重游率低，根据景区生命周期理论，存在客流量达到顶峰后逐步枯竭的风险。

老君山景区如果不能实现文化、旅游和相关产业深度融合，形成创新多样的旅游产品和业态，就存在不能适应旅游产业融合发展趋势的风险，难以从现在的景区门票经济向旅游产业经济转型，难以构建世界级旅游度假区"目的地+核心度假产品群"的发展格局。

（五）提升中华文化影响力

建设文化强国为旅游业明确了发展方向，也需要旅游业更加主动发挥作用。推进文化强国建设，要求充分发挥旅游业在传播中国文化、展示现代化建设成就、培育社会主义核心价值观方面的重要作用。要求提炼展示中华文明的精神标识和文化精髓，加快构建中国话语和中国叙事体系，讲好中国故事、传播好中国声音，展现可信、可爱、可敬的中国形象。要求加强国际传播能力建设，全面提升国际传播效能，形成同我国综合国力和国际地位相匹配的国际话语权。

老君山要建成世界级旅游度假区，首先需要具有世界级的文化影响力和旅游知名度。在国家提升中华文化影响力、加强对外文化交流和多层次文明对话的战略背景下,老君山所承载的道教文化、道家文化、老子文化是中华优秀传统文化的杰出代表,要主动承担起讲好中国故事、传播中国声音、展现中国自信的重任,整合利用更多的创新推广平台和营销工具,满足老君山提升国际旅游形象、推广入境旅游市场等新需求。

老君山客源市场以河南省内为主,如果仅局限于传统的商业营销推广手段,不能提炼出中华文明的精神标识和文化精髓,并在更高的文明交流平台面向世界讲好中国故事、传播中国声音、展现中国自信,实现从"栾川老君山"向"中国老君山"质的飞跃,则面临品牌形象和市场影响力进入瓶颈期后难以进一步提升的风险。

(六) 构建全国旅游空间新格局

当前和今后一段时期,我国将综合考虑文脉、地脉、水脉、交通干线和国家重大发展战略,统筹生态安全和旅游业发展,以长城、大运河、长征、黄河、长江国家文化公园和丝绸之路旅游带、沿海黄金旅游带、京哈—京港澳高铁沿线、太行山—武陵山、万里茶道等为依托,构建"点状辐射、带状串联、网状协同"的全国旅游空间新格局。

老君山如果不能主动对接长城国家文化公园、大运河国家文化公园、黄河国家文化公园、万里茶道等国家重大文旅工程,融入"点状辐射、带状串联、网状协同"的全国旅游空间新格局,就可能在全国旅游新格局中被边缘化。

(七) 旅游目的地区域协同发展

我国将推动跨行政区域旅游资源整合利用,健全区域重大战略旅游协调机制,推进跨行政区域旅游资源整合利用,加强区域旅游品牌和服务整合。在洛阳市大力建设"伏牛山国民休闲旅游度假地"、栾川县大力建设"伏牛山国民休闲度假地核心区"的背景下,大伏牛山区域旅游资源整合利用必将取得大的进展。

大伏牛山区域旅游资源整合将促进景区群落、城镇体系形成合力、共同发展，最终建成一体化的大伏牛山旅游目的地。老君山首先应与大伏牛山其余景区构建各具特色、优势互补的景区体系，其次应与栾川县城形成"目的地＋核心度假产品群"的发展格局，最后应争取成为大伏牛山的旅游引力中心、旅游服务中心、旅游集散中心功能。否则，老君山在"伏牛山国民休闲旅游度假地"建设过程中存在被整合、被边缘化的风险。

（八）旅游景区加快智慧化转型

大数据、云计算、物联网、区块链及5G、北斗系统、虚拟现实、增强现实等新技术将在旅游领域应用普及，以科技创新提升旅游业发展水平。旅游业将大力提升旅游服务相关技术，增强旅游产品的体验性和互动性，提高旅游服务的便利度和安全性。

我国5A级旅游景区将全部实现智慧化转型升级。通过推进预约、限量、错峰旅游，促进旅游景区实现在线、多渠道、分时段预约，提高管理效能。通过建设旅游景区监测设施和大数据平台，健全智能调度应用，促进旅游景区资源高峰期合理化配置，实现精确预警和科学导流。普及旅游景区电子地图、线路推荐、语音导览等智慧化服务，提高游览便捷性。

老君山景区如果不加快实现智慧化转型，就存在跟不上数字社会发展步伐、满足不了居民数字美好生活需求的风险。

（九）旅游发展方式绿色转型

我国将继续推进美丽中国建设，统筹产业结构调整、污染治理、生态保护、应对气候变化，协同推进降碳、减污、扩绿、增长，推进生态优先、节约集约、绿色低碳发展。

第四章 老君山景区发展现状诊断

绿色化、低碳化将是实现旅游业高质量发展的关键环节。旅游业将加快推动产品结构、能源结构等调整优化。实施全面节约战略，推进各类资源节约集约利用，加快构建废弃物循环利用体系。倡导绿色消费，推动形成绿色低碳的生产方式和旅游休闲方式。

我国将创新自然资源保护利用模式，科学划定自然保护地保护范围及功能分区，加快整合归并优化各类保护地，构建以国家公园为主体、自然保护区为基础、各类自然公园为补充的自然保护地体系。充分发挥国家公园教育、游憩等综合功能，在保护的前提下，对一些生态稳定性好、环境承载能力强的森林、草原、湖泊、湿地、沙漠等自然空间依法依规进行科学规划，开展森林康养、自然教育、生态体验、户外运动，构建高品质、多样化的生态产品体系。

老君山景区首先应实现旅游发展方式绿色转型，大力推进绿色生产和绿色消费，否则就有跟不上绿色旅游发展趋势的风险。其次，老君山作为国家级自然保护区，应该在国家的自然保护地体系改革背景下，创新"两山理论"实践，创新自然资源保护利用模式，充分发挥自然保护区的教育、游憩等综合功能。以"旅游活动最大化、旅游建设最小化"的新理念，在自然资源的严格保护和有效利用之间走出新路子，避免"生态红线"成为"发展红线"，让"生态红线"成为"生态红利"。

第五章

老君山景区未来发展思路

第一节 文旅融合

一、开展文化和旅游资源普查

结合栾川县文化广电和旅游局的相关工作，开展老君山区域的文化和旅游资源普查，将文化遗产、文物保护单位、文物、工业遗产、农业文化遗产、交通文化遗产、水文化遗产、历史文化名镇名村、传统村落、历史文化街区、历史建筑、古树名木、非物质文化遗产、古籍、美术馆藏品、地方戏曲剧种、传统器乐乐种等文化和旅游资源分类整理建档，形成《老君山文化和旅游资源保护开发名录》和大数据库。

二、组建文旅融合专家智库

组建"老君山文化和旅游融合发展专家委员会"，专家委员会由中国旅游研究院、中国艺术研究院、中国文化遗产研究院、中国歌剧舞剧院、中国东方演艺集团、中央美术学院、北京体育大学、北京中医药大学、北京电影学院、北京建筑大学、北京服装学院等单位专家组成，涵盖了民间文学、传统音乐、传统舞蹈、传统戏剧、曲艺、传统体育（游艺与杂技）、传统美术、传统技艺、传统医药、民俗十大类别，形成老君山文化和旅游融合发展的权威专家智库平台。

三、编制文旅融合发展规划

编制《老君山文化和旅游融合发展专项规划》，谋划老君山文旅融合发展总体思路，展现老君山风景名胜区的历史风貌和文化魅力。推进中华优秀传统文化的创造性转化、创新性发展，建成历史文化资源的活化利用典范。

深入挖掘老君山非遗文化特色，将文化内容、文化符号、文化故事融入旅游项目，把优秀传统文化纳入旅游的线路设计，在餐饮、住宿、交通、购物、娱乐、养生等旅游产品中增加文化元素和内涵，通过精品民宿、旅游服务中心、旅游街区、传统村落等建设推进非遗活态保护和利用，营造老子文化、道家文化、民俗文化的沉浸式体验氛围。

四、创意设计活态文旅产品

基于老君山文化和旅游资源普查成果，整合中央美术学院、中央音乐学院、中央戏剧学院、中国传媒大学、北京体育大学、北京中医药大学、北京电影学院、北京建筑大学、北京舞蹈学院、北京服装学院等在京高校的师生创意设计团队，采取大学生文旅创意设计大赛、青年艺术家实地采风、景区委托设计等多种组织方式，形成极具老君山文化特色的传统音乐、传统舞蹈、传统戏剧、体育运动、传统美食、传统民居、手工艺品、中医药、民俗节庆等创意文旅产品体系，整合形成《老君山文旅产品创意设计汇编》，并借活动面向全国广泛宣传老君山。

五、打造整体文化景观风貌

编制《老君山街区和建筑景观风貌提升专项规划》，以寨沟旅游休闲街区、追梦谷旅游休闲街区两大片区为重点，将旅游休闲街区作为"老君山活态文化体验博物馆"。将更多的文化元素、艺术元素应用到老君山规划建设中，提升老君山精品民宿、旅游街区、传统村落的文化内涵、审美韵味和艺术品质，增强街区旅游休闲功能，加强建筑单体、地理要素与文化内涵的关联表达，串联文化魅力场所和精华地区，营造整体文化景观和浓郁文化氛围，实现"建筑可阅读、街区可体验、村落有底蕴"的发展目标。

六、实现文化和旅游活动共享

与栾川县文化广电和旅游局合作，拓展公共文化服务的空间范围，鼓励文化公益惠民活动服务老君山旅游者。推动图书馆、美术馆、文化活动、公益演出、送戏下乡等文化活动进入老君山景区，推动栾川县公共文化活动向老君山旅游者开展延伸服务。

七、大力发展文化旅游演艺

深入挖掘老君山优秀传统文化，加大老君山文化演艺精品创作力度，推出沉浸式、互动式等演艺业态。

依托老子文化苑等壮美文化景观，打造以老子文化、道家文化、道教文化为内涵的文化演艺精品，实现老君山实景演出突破。

依托老君山顶"天宫剧场"演艺设施,做优做强演艺运营,鼓励国际国内知名院团和艺术家将优秀演艺作品的首演放在老君山顶"天宫剧场"。

依托寨沟和追梦谷旅游休闲街区,打造文化演艺与餐饮、住宿、娱乐等深度融合的综合性消费场所,推动演艺业态模式创新。

第二节 产品体系

一、旅游餐饮产品

依托老君山及周边区域的文化和旅游资源普查,创意打造老君山特色菜品体系。大力挖掘历史文化、道家文化、民俗文化,推动餐饮美食与文化体验融合创新发展,形成主题文化餐饮。鼓励餐饮与古建筑、传统民居、手工艺、非遗、演艺、节庆等文化产品融合,营造文化餐饮体验场景。鼓励餐饮业与文化、购物、亲子、娱乐、健身、研学等休闲产业融合发展,建设旅游休闲街区、商业综合体。

二、旅游住宿产品

实现星级饭店标准化、生态住宿多元化、特色民宿精品化、度假住宿目的地化、康养住宿社区化发展,满足旅游者和旅居者的多样性需求。

未来五年,老君山在现有精品民宿的文化内涵注入、景观风貌改善、服务质量优化、品牌价值提升的基础上,重点实现高星级度假酒店、多元化生态住宿、社区式康养住宿的突破。

三、旅游购物产品

深入挖掘老君山特色旅游商品资源，推出老君山旅游商品推荐名录。

建立老君山旅游商品研发中心，依托大学生文旅创意设计大赛等平台，开发拥有自主知识产权、符合现代生活需求、具有老君山符号和栾川特色、体现历史文化内涵和高附加值的旅游商品，推出一批老君山旅游必购商品。

依托寨沟和追梦谷旅游休闲街区建设，打造具有文化特色的休闲购物街区，引进知名品牌首店、旗舰店和体验店等业态，培育商品体验、特色商业等购物项目，促进旅游度假与休闲购物融合发展。

四、康养旅游产品

在现有精品民宿基础上，建设一批医养康养相结合的康养住宿设施，实现老君山康养旅游产品的突破。重点涵盖健康生活、疾病预防、康复疗养、长期照护等生命健康环节，开发中药康养、避暑康养、森林康养、温泉康养、健康养老、绿色有机食品等康养旅游产品，构建全生命周期康养旅游产业链。依托中国旅游研究院老年旅游研究课题，支持老君山创建全国老年旅游创新示范项目。

五、体育旅游产品

依托老君山的山地旅游资源，重点开发一批路跑越野、骑行自驾、高桥极限、冰雪运动等户外体育运动项目，打造一批健身休闲综合服务体，加快形成体育运动健身旅游产品群。

六、研学旅行产品

充分发挥老君山的生态教育功能，加强生态科普教育设施建设，普及公众生态知识，培育公众生态道德意识。加强体验中心、教育步道、生态课堂、生态博物馆、标本馆、解说牌示等建设，开展丰富多彩的自然科普教育活动。

组建"老君山之友"研学公益组织，总部设在老君山景区。吸引所有热爱老君山生态环境和历史文化的朋友加入，以栾川县域为重点活动场所，策划常态化的科考、研学、探险、文化、考古、运动、社交等研学旅行活动。

七、生态旅游产品

依托老君山的自然景观、生态环境、河湖水系、文化遗产，构建层次鲜明、功能多样、文旅融合、顺畅便捷的生态游步道网络，遵循"设施建设最小化、旅游活动最大化"的发展原则，实现老君山的生态空间"全域可进入"，积极开展森林康养、自然教育、生态体验、户外运动等"无痕式"生态旅游活动。

参考发达国家的国家公园发展经验，生态游步道建设应采用非硬化纯自然材料路面，对生态环境的扰动最小化，生态游步道的建设工作重点应放在日常维护、信息发布、旅游安全、互联互通上。

依托生态游步道网络建设，建设一批小木屋、黑帐篷、树屋、蒙古包、撮罗子、露营地等新型生态住宿业态，满足旅游者多元化生态住宿需求，增强多样化住宿体验，健全老君山住宿设施体系。开展生态研学旅游，开发野生动植物观光和生态研学旅游产品。积极发展林下经济，推动林旅融合发展。

八、夜间旅游产品

推动景区夜间开放。鼓励老君山推出夜间娱乐精品节目和驻场演出,积极组织夜间游览活动。丰富春节、元宵、清明、端午、七夕、中秋、重阳等传统节日的夜间旅游产品。

大力发展夜间经济。将寨沟和追梦谷旅游休闲街区建成文化内涵丰富、地域特色突出的夜间文化和旅游消费集聚区。

第三节 智慧旅游

一、编制智慧旅游发展规划

编制《老君山智慧旅游景区发展专项规划》,因地制宜建设特色化智慧旅游景区,运用数字技术充分展示特色文化内涵,推动老君山景区实现智慧化转型升级。重点研究老君山智慧文旅发展的总体思路,策划老君山智慧旅游发展重点项目,开发数字化体验产品,发展沉浸式互动体验、虚拟展示、智慧导览等新型旅游服务,推进以"互联网+"为代表的旅游场景化建设。

二、加快智慧旅游景区建设

完善老君山智慧旅游服务设施。提升老君山景区的5G网络覆盖水平。推动停车场、旅游集散中心、游客服务中心、旅游商户、旅游厕所、旅游景点的旅游服务设施数字化、智能化改造升级。

提升老君山智慧旅游服务水平。普及老君山景区电子地图、线路推荐、语音导览等智慧化服务，提高游览便捷性。支持开发针对老年人等特殊群体的智慧旅游服务。

三、提升智慧旅游管理水平

建立智慧旅游综合服务平台。在老君山景区现有监测设施和大数据平台的基础上，建立集自主预约、智能游览、线上互动、资讯共享、安全防控等于一体的智慧旅游综合服务平台。

健全游客智能调度系统。促进老君山景区资源高峰期合理化配置，实现精确预警和精准导流。有效整合旅游、交通、气象等信息，综合应用第五代移动通信（5G）、大数据、云计算等技术，及时发布气象预警、道路通行、游客接待量等实时信息，推进分时段预约游览、流量监测监控、科学引导分流等服务。

四、丰富智慧旅游产品供给

打造智慧文旅活态体验。打造沉浸式博物馆、旅游演艺、主题游乐设施、未来民宿等旅游体验新场景。引导开发数字化体验产品，推动老君山的文化和旅游资源借助数字技术"活起来"。

丰富拓展智慧旅游场景。建立健全智慧旅游标准体系，研究元宇宙、区块链、非同质化通证（NFT）等现代信息技术在老君山文化旅游领域应用。

五、实现智慧旅游营销突破

基于智慧旅游综合服务平台，建立覆盖老君山旅游者的旅游动态数据收集分析系统，研发老君山的旅游消费智能追踪与分析技术，在此基础上优化调整老君山的旅游产品体系。

研发文化和旅游融合的大数据营销技术，充分利用大数据等手段，提高旅游营销传播的针对性和有效性。

第四节 品牌营销

一、创建世界级旅游度假区

编制《老君山建设世界级旅游度假区总体规划》。在国家5A级旅游景区基础上创建"富有文化底蕴的世界级旅游度假区"，作为老君山的最重要品牌，有助于老君山提升旅游知名度、扩大旅游客源市场、深入推进文旅融合、丰富旅游产品体系、实现度假旅居突破、优化旅游服务质量、构建旅游目的地格局，是老君山景区在未来持续高质量发展的主要路径和重要目标。

二、搭建权威国际交流平台

联合国开发计划署、商务部中国国际经济技术交流中心、中国旅游研究院、老君山文旅集团等四方共同发起"联合国老君山景区可持续发展创新示范项目"。整合联合国开发计划署的国际组织资源、商务部中国国际经济技术交流中心的国际合作资源、中国旅游研究院的文旅智库资源、老君山景区的创新实践资源，搭建世界级的创新发展和营销推广平台。

依托联合国项目权威智库平台，建立中外智库交流机制、借鉴国外先进理念、对接国际通行规划、强化国际人才支持，参与国际文化和旅游规则制定，系统提升老君山世界级旅游度假区的国际化、标准化、信息化水平，推进老君山世界级旅游度假区的国际权威认证。

依托联合国项目对外交流平台，建立多边合作机制、举办国际交流论坛、策划文旅品牌活动、开展多层次对外交流。充分发挥联合国开发计划署作为权威国际组织的文化传播和旅游推广作用，深化文明交流互鉴。充分挖掘老君山的中华优秀传统文化底蕴，讲好中国故事、传播好中国声音，展现可信、可爱、可敬的中国形象，推动老君山景区更好走向世界，实现从"栾川老君山"向"中国老君山"质的飞跃。

三、实现区域旅游协同发展

以创建世界级旅游度假区为抓手和突破口，推动《老君山建设世界级旅游度假区总体规划》与《栾川县国土空间规划》《栾川县全域旅游发展总体规划》等有机结合，有效整合老君山景区周边的城市休闲、郊野游憩、乡村旅游、生态旅游等旅游空间，加强与大伏牛山区域的互动与合作，形成"核心度假产品集群＋目的地"的发展格局，实现旅游发展规划、旅游吸引物体系、旅游基础设施和公共服务、旅游服务要素和新业态、旅游资源和生态环境保护等一体化发展，建设世界旅游度假胜地。

四、对接国内一流文旅集团

充分利用中国旅游研究院的"中国旅游集团发展论坛""中国旅游科学年会"等全国性权威平台，举办"老君山建设世界级旅游度假区项目推介会"等活动，组织全国一流文旅集团相关负责人赴老君山调研考察，加深国内一流文旅集团对老君山的优势资源、发展前景、优惠政策、重点项目的了解，鼓励全国一流文旅集团参与老君山重点文旅项目的投资、建设和运营等工作。通过重点文旅项目的市场化运作、高质量发展，带动老君山的世界级旅游度假区建设。

第五节 管理服务

一、开展游客满意度评价

老君山景区实施旅游服务质量评价建设工程，建立以游客为中心的旅游服务质量评价体系，形成科学有效的服务监测机制。通过开发旅游服务质量评价系统、制定完善评价模型和指标、推广和拓展评价体系应用场景，最终建立系统完备、科学规范、运行有效、覆盖服务全流程的旅游服务质量评价体系。

二、建设无障碍旅游环境

老君山景区实施旅游设施和旅游服务的无障碍改造，大力建设无障碍旅游环境，将其作为旅游服务质量提升的重要抓手。在旅游设施、旅游服务中增加文化元素和内涵，体现人文关怀。充分考虑特殊群体需求，执行无障碍旅游服务标准规范，加强老年人、残疾人等便利化旅游设施建设和改造，在发展智慧旅游时保留人工窗口和电话专线服务。

三、开发老年旅游产品

老龄化给旅游业带来的不仅是旅游产品的适老化改造，而是旅游业的全面高品质和多元化发展。老君山景区应积极应对人口老龄化，认真研究老年旅游需求和出游特征，提供更有包容性的老年旅游和康养旅游产品，并针对老年人行为规律提出更具针对性的营销策略，将老龄化看作老君山景区文旅产业发展的重要机遇，并在此基础上构建新的竞争优势。

四、建立科学决策机制

老君山景区应综合运用第三方评估、社会监督评价等方式，建立旅游景区发展质量的动态跟踪分析机制。科学研究老君山景区的客源市场结构、旅游者行为规律、旅游发展质量和效益、县域经济和社会发展综合贡献，为老君山景区高质量发展提供数据支撑和决策依据。

参 考 文 献

［1］党俊武，王莉莉．中国老龄产业发展及指标体系研究［M］．北京：社会科学文献出版社，2021．

［2］国家发展和改革委员会．"十四五"扩大内需战略实施方案［R］．北京：国家发展和改革委员会，2022．

［3］国家统计局．中华人民共和国2022年国民经济和社会发展统计公报［R］．北京：国家统计局，2023．

［4］国务院．"十四五"旅游业发展规划［R］．北京：国务院，2021b．

［5］国务院．中华人民共和国国民经济和社会发展第十四个五年规划和2035年远景目标纲要［R］．北京：国务院，2021a．

［6］河南省人民政府．河南省"十四五"文化旅游融合发展规划［R］．郑州：河南省人民政府，2021．

［7］老君山文旅集团．老君山2023年1-8月份旅游数据［R］．洛阳：河南省老君山文化旅游集团有限公司，2023a．

［8］老君山文旅集团．老君山文旅集团在职员工基本情况［R］．洛阳：河南省老君山文化旅游集团有限公司，2022a．

［9］老君山文旅集团．老君山重大项目开工暨建成时间一览表［R］．洛阳：河南省老君山文化旅游集团有限公司，2022b．

［10］老君山文旅集团．与时俱进　开拓创新——新形势下老君山文旅实战营销［R］．洛阳：河南省老君山文化旅游集团有限公司，

2022c.

[11] 老君山文旅集团. 老君山景区商户分布情况 [R]. 洛阳：河南省老君山文化旅游集团有限公司，2022d.

[12] 老君山文旅集团. 老君山旅游休闲度假区资源评价报告 [R]. 洛阳：河南省老君山文化旅游集团有限公司，2013.

[13] 老君山文旅集团. 老君山文旅集团历年经营数据汇编 [R]. 洛阳：河南省老君山文化旅游集团有限公司，2023b.

[14] 栾川县人民政府. 2023年栾川县人民政府工作报告 [R]. 栾川：栾川县人民政府，2023.

[15] 栾川县人民政府，上海同济城市规划设计研究院. 河南省洛阳市老君山风景名胜区总体规划 [R]. 洛阳：栾川县人民政府，2008.

[16] 洛阳市人民政府. 洛阳市"十四五"文化旅游融合发展规划 [R]. 洛阳：洛阳市人民政府，2022.

[17] 上海同济城市规划设计研究院有限公司. 河南省老君山旅游度假区总体规划与重点地段详细规划 [R]. 上海：上海同济城市规划设计研究院有限公司，2019.

[18] 上海同济城市规划设计研究院有限公司. 栾川县城—老君山景区景城一体化概念规划 [R]. 上海：上海同济城市规划设计研究院有限公司，2021.

[19] 文化和旅游部. "十四五"文化和旅游发展规划 [R]. 北京：文化和旅游部，2021.

[20] 文化和旅游部. 世界级旅游度假区建设指引 [R]. 北京：文化和旅游部，2023.

[21] 习近平. 高举中国特色社会主义伟大旗帜　为全面建设社会主义现代化国家而团结奋斗——在中国共产党第二十次全国代表大会上的报告 [R]. 北京：中共中央，2022.

[22] 郑旺盛，张记. 老君山人 [M]. 郑州：河南文艺出版社，

2022.

［23］中共中央，国务院．国家综合立体交通网规划纲要［R］．北京：中共中央，2021a.

［24］中共中央，国务院．扩大内需战略规划纲要（2022—2035年）［R］．北京：中共中央，2022.

［25］中共中央．中共中央关于党的百年奋斗重大成就和历史经验的决议［R］．北京：中共中央，2021b.

［26］中国旅游研究院．中国国内旅游发展年度报告2022［M］．北京：旅游教育出版社，2022.

［27］AARP. The Longevity Economy Outlook：How People Ages 50 and Older Are Fueling Economic Growth，Stimulating Jobs，and Creating Opportunities for All［R］. Washington，DC：AARP，2019.

［28］ILC. Maximising the Longevity Dividend［R］. London：ILC，2019.

［29］United Nations. World Population Ageing 2020 Highlights［R］. New York：United Nations，2020.

［30］United Nations. World Population Prospects 2019 Highlights［R］. New York：United Nations，2019a.

［31］United Nations. World Population Prospects 2019，Volume II：Demographic Profiles［R］. New York：United Nations，2019b.

［32］UNWTO. Demographic Change and Tourism［M］. Madrid：UNWTO，2010.

后　　记

　　2020年以来，中国旅游研究院受文化和旅游部委托，持续开展世界级旅游度假区建设的背景研究工作，并积极参与到《世界级旅游景区建设指引》的编制过程中，已经形成了一系列关于世界级旅游景区和度假区的研究成果。2022年，老君山景区改制已满15年，在以杨植森同志为董事局主席的老君山文旅集团带领下，老君山实现了跨越式发展、取得了历史性成就，已经成长为我国最为著名的山岳型旅游景区之一。老君山景区正处于继往开来的关键时期，也处于旅游业高质量发展的新阶段，如何系统总结过去15年的发展经验教训，如何科学谋划未来15年的发展战略思路，是老君山景区在新时代要完成的重要研究课题。

　　2022年2月，经栾川县委常委、宣传部部长孙欣欣同志介绍，老君山文旅集团委托中国旅游研究院开展《老君山景区发展总结评估课题》研究。中国旅游研究院将老君山作为我国景区向世界级迈进的典型案例，实现理论和实证研究的紧密结合，将研究成果写在老君山这片祖国的热土上，探索新时代旅游景区的高质量发展路径。中国旅游研究院高度重视《老君山景区发展总结评估课题》研究工作，组建了以戴斌院长为学术顾问，以黄璜副研究员为组长，规划与休闲研究所全体同志参加的课题组。老君山文旅集团文化顾问张记同志负责与课题组的沟通对接，全程参与了课题的方案设计、战略框架、重点内容、调研安排、成果出版等工作。

　　2022年8月，中国旅游研究院课题组的黄璜副研究员、边蕊博士等一行赴老君山景区开展调研工作，实地调研了老君山的寨沟、追梦谷、游客服务中心、博物馆、老子文化苑、金顶道观群、十里画屏、舍身崖等旅游区，访谈了杨植森、张记、张央、望广发、徐雷等老君山文旅集团高层领导，并赴栾川县文化广电和旅游局座谈。在深入调研老君山景区的基础上，课题组一行还从全县视角调研了栾川县城、鸡冠洞、重渡沟旅游度假区、栾川竹海野生动物园、王府竹海度假旅游区、伏牛山滑雪度假乐园等重点旅游片区和项目，积累了宝贵的第一手数据和资料。

在此后近一年时间里，中国旅游研究院课题组完成了研究成果的初稿和中期稿，并多次征求河南省、洛阳市、栾川县和老君山文旅集团相关领导的意见。根据领导专家提出的意见和建议，课题组修改形成了学术专著《新时代旅游景区高质量发展研究——以老君山为例》最终稿。

2023年8月2日，中国旅游研究院在文化和旅游部南区2号楼会议室主办"新时代旅游景区高质量发展研讨会"，来自光明网、中国社会科学院数量经济与技术经济研究所、中国宏观经济研究院、河南省文化和旅游厅、洛阳市文化广电和旅游局、中共栾川县委宣传部、栾川县文化广电和旅游局、老君山文旅集团的专家、领导和企业家齐聚中国旅游研究院，评审通过了学术专著《新时代旅游景区高质量发展研究——以老君山为例》最终稿，研讨了新时代旅游景区发展的宏观背景、战略路径和远景目标，并以位于河南省洛阳市栾川县的国家5A级旅游景区老君山为典型案例，从微观视角深入剖析了旅游景区发展演进的阶段特征、问题瓶颈、发展原则和重点任务。

中国旅游研究院院长戴斌阐释了新时代旅游高质量发展的理论内涵，分析了我国旅游市场发展的阶段特征，研判了我国旅游景区发展的战略路径，肯定了老君山景区2007年以来发展所取得的成就，赞赏了老君山干部职工艰苦奋斗的创业精神，并对老君山景区在未来的高质量发展提出殷切期望。光明网总裁杨谷分析了推动社会主义文化繁荣兴盛、建设社会主义文化强国的时代背景，并结合光明网的实践经验，在

后 记

旅游景区增强文化底蕴、开展新媒体营销等方面提出了建议。中国社会科学院数量经济与技术经济研究所研究员李青高度肯定了《老君山风景名胜区发展总结评估报告》内容，并从区域经济发展的视角，提出了旅游景区实现景城融合、带动县域发展的思路。中国宏观经济研究院研究员常兴华分析了"十四五"时期的国家战略背景，研判了经济社会的未来发展趋势，并在全面建成小康社会、大众旅游时代来临的背景下，探讨了旅游产业的发展路径和建设要点。

栾川县委常委、宣传部部长、副县长孙欣欣肯定了老君山的发展成就，总结了栾川县和老君山的旅游发展成功经验，提出了栾川县旅游高质量发展待破解的问题，并希望与参会专家建立长期合作关系，共同促进栾川县的旅游业高质量发展。河南省文化和旅游厅副厅长李延庆深入探讨了坚定文化自信、建设社会主义文化强国的宏观背景，分析了河南省文化和旅游发展的核心优势、战略路径和重点任务，阐述了文化和旅游融合的理论内涵和实践创新，肯定了老君山跨越式发展取得的成就，并提出了老君山未来高质量发展的战略思路。

在过去的十六年间，老君山是我国旅游景区跨越式发展的典范，展望未来中长期，老君山将成为我国旅游景区从国家级向世界级迈进的重要实践者。本书在对老君山历史发展经验进行总结、未来发展战略进行谋划的过程中，得到了来自各方的帮助和支持，在此表示衷心感谢！但是，由于作者能力所限，成果又难免以偏概全、挂一漏万。所幸老君山景区已经成为中国旅游研究院的"山地旅游观测点"，期待未来院企之间长期合作、协同创新，共同将老君山景区建设成为富有文化底蕴的世界级旅游度假区！

中国旅游研究院老君山景区课题组
2023年10月11日